KB253147

청소년동화읽기
동화의 정신분석학

어른이 되는 이야기
—자율에 이르는 길—

베레나 카스트 지음
이진우/박미애 옮김

철학과현실사

지은이의 말

이 책에 실려 있는 동화의 해석들은 1984년 린다우에서 개최된 심리 치료 주간에 발표된 것들이다. 동화들의 순서는 다음과 같은 주제하에 결정되었다.

"동화의 진행 과정을 통해 살펴본 자율에로의 길."

관심을 가지고 경청하고 질문해 줌으로써 독려해 주신 모든 사람들에게 진심으로 감사한다.

상 갈렌에서 1984년
베레나 카스트

옮긴이의 말

사람들은 자기자신과 마주할 때에는 홀로이다. 그리고 다른 사람들과 같이 있게 되면 대개 자기자신을 잃어버리게 된다. 이런 경험을 해보지 않은 사람은 아마 아무도 없을 것이다. 우리의 태어남이 관계의 탯줄을 끊는 것이라면, 우리의 삶은 의미를 엮어 가는 관계 맺음의 작업이다. 그러나 우리가 이런 실존적 사실을 뚜렷이 인식하고자 하면, 그것은 곧바로 밀려오는 일상의 조류에 묻혀 버리곤 한다. 홀로 섬과 관계 맺음은 이렇게 모든 사람이 당연히 알고 있는, 그래서 아무런 의미도 없는 진부한 '일상의 덫'으로 변해 버린다. 누가 모르겠는가, 혼자 살 수 없다는 것을! 누가 모르겠는가, 홀로 살 수밖에 없다는 것을! 그러나 그것이 접촉의 단절에서 오건 아니면 접촉의 과다에서 오건, 우리는 이 실존의 고독을 견뎌 내야 한다.

그런데 청소년기는 바로 이 실존의 고독에 가위 눌린 시기이다. 이제까지 아무런 생각없이 받아들였던 부모의 생각, 기성세대의 가치, 사회의 제도와 관습에 의해 '잠들어 있던' 사람들을 눌러 깨워 놓는 것 같은 것이 바로 실존의 고독이다. 우리가 혼자라는 사실을 깨닫게 되고, 사회는 우리에게 무거운 짐으로 다가온다. 그렇기 때문에 무거운 짐을 벗어 버리고자 하는 청소년의 '실존적 탈선'은 아마 자연스러운 것일지도 모른다. 자신을 발견한 이들은 홀로 서고자 하고, 자유롭고자 한다. 그렇지만 실존적 탈선이 새로운 중심으로 이어지지 않는다면, 그는 자신의 존재의 가벼움을 이겨 내지 못하고 다시 관계의 그물에 의존하게 된다. 물론 자율은 폐쇄와 속박으로부터의 탈출이다. 그렇다고 해서 자아를 너무 지나치게 고집하여 세계와 단절하여 이 세계를 자기 속에 가두어 둔다면, 우리는 역시 자기자신에 속박당하게 된다. 예전의 우리가 사회의 노예였다면, 이제 우리는 자기자신의 노예가 되는 것이다.

그렇다면 우리는 어떻게 관계를 맺으면서 자기자신을 잃어버리지 않을 수 있을까? 세계의 한가운데 서 있는 우리는 어떻게 우리의 중심을 찾을 수 있을까? 우리는 어떻게 자율에 도달할 수 있을까? 이 물음들은 자아를 찾는 청소년기에 하나의 실존적 물음표로 찍혀 있다. 여기에 옮겨 놓은 동화 해설들은 이런 실존적 물음들에 나름의 답을 하고자 하는 실험적 시도들이다. 물론 그것은 동화에 대한 유일한 해석도 아니며, 삶과 자율에 대해 있을 수 있는 '하나의 올바른' 해석은 더더욱 아니다. 이 동화 해석이 의미 있는 것은 우리로 하여금 동화를 **다르게** 읽게 함으로써 스스로 생각하도록 만들고, 스스로 생각하게 함으로써 우리의 삶을 **새롭게** 읽어 낼 수 있도록 만든다는 데 있다. 여기에 모아 놓은 동화들은 모두 주인공이 위기에서 벗어나는 과정을 이야기함으로써 우리 스스로가 자율의 위기로부터 해방될 수 있는 방법을 가르쳐 준다. 이 책을 읽어 보면 '스스로 생각한다'는 것만이 자율에 이르는 유일한 길임을 알게 될 것이다.

그런데 오늘날 청소년은 자율적 사유를 어렵게 만드는 상황에 처해 있다. 그들이 혼자 걸음마를 하려고 하면 기성세대들은 그에게 닥칠 온갖 위험을 이야기함으로써 기존의 굴레에 묶어 두고자 한다. 청소년들은 스스로 생각하지 않고 대신 생각해 주는 책에 의존하고, 자신의 양심에 직접 호소하지 않고 대신 기도해 주는 목사에 의존하고, 옳고 그름을 스스로 판단하지 않고 대신 판단해 주는 제도에 의존한다. 모든 것을 대신해 주는 사람이 있다면 미성년으로 머무르는 것은 매우 편안할지도 모른다. 이제는 어떤 문제에 대해 자신의 의견을 논리적으로 서술하는 비판적 사유마저도 참고서에 의존하고자 한다. 비판적 사유가 자신의 의견을 스스로 세우는 것이라면, 논리학은 이 의견을 명확하고 일관성 있게 전달하는 도구이다. 스스로 생각할 수 없다면, 논리의 도구가 무슨 소용이 있겠는가? 삶을 제대로 읽어 낼 줄 모르는데, 의미 있는 글쓰기가 어떻게 가능하겠는가? 스스로 생각할 수 있을 때 비로소 우리는 자신의 문제를 풀어 갈 언어를 갖게 된다.

우리는 이 동화 해석에서 대체로 세 단계로 이루어진 비판적 사유의 길을 발견한다. 첫째 단계는 다르게 보기이다. 이야기되고 있는 동화들은 모두 우리에게 친숙한 것이지만, 이 동화의 의미는 다른 읽기 방식을 통해 비로소 드러난다. 그런데 다르게 본다는 것은 기본적으로 상상력을 필요로 한다. 틀에 박힌 생각이 독창적이지 못하다는 사실은 누구나 다 알고 있는 사실이다. 동화 읽기는 이런 맥락에서 시각 전환의 훈련을 통해 독창적 사유에 이를 수 있는 상상력을 발전시킨다. 둘째 단계는 빗대어 보기이다. 동화는 비유를 통해 전개되는 삶의 이야기이다. 이 비유가 우리에게서 불러일으키는 것을 상상력을 통해 구체화시켰다면, 우리는 이를 우리가 살아가는 데 부딪히는 다양한 문제들과 결합시킬 수 있어야 한다. 동화는 우리의 삶과 연관지어질 때 비로소 해석되고, 의미를 갖게 되는 것이다. 마지막 단계는 전체적으로 보기이다. 사회를 떠난 자율을 생각할 수 없듯이, 동화는 우리로 하여금 어떤 문제와 사태를 상관 관계 속에서 보고 느끼고 사유할 수 있는 능력을 자극한다. 다양한 관점과 사회와의 연관성들이 종합되어 전체적인 모습을 갖출 때 우리는 비로소 하나의 합리적, 논리적인 의견을 형성한다. 동화는 이렇게 청소년들이 부딪히는 실존적 문제들을 자율적으로 해결할 수 있는 상상력, 분석력, 종합적 사고력을 길러 준다. 바로 이 점이 동화 분석의 강점이라고 할 수 있다. 그렇지만 이 동화 분석이 청소년들에게만 유익한 것은 아니다. 아직도 폐쇄적 상태에서 벗어나지 못하고 있는 사람들, 홀로 서고자 몸부림 치는 사람늘 모두에게 이 동화 분석은 자신의 감옥으로부터 탈출할 수 있는 실마리를 부여하리라고 믿어 마지않는다.

1994년 4월 9일
이진우·박미애 씀

머 리 말

자율과 자율에 대한 추구는 사람이 살아가는 데 일
종의 역할을 한다. 이러한 사실은 자기 주장, 의존,
개인화와 관계, 자기 규정과 타인에 의한 규정, 그리
고 책임성의 문제가 우리가 매일 부딪치는, 그것도 실
존적 감정적으로 부딪치게 되는 주제들이라는 점에서
잘 나타난다. "자율적 행위"는 스스로 행하였다는 감
정들, 책임이 있다는 감정 그리고 일관성이 있다는 감
정들에 의해 수반된다. 자율과 관련된 주제의 영역과
더불어 자유의 주제가 함께 거론된다. 자유는 사람들
이 항상 바라는 것이지만, 또 항상 위협을 받고 있는
것이기도 하다.

스스로 설 수 있게 된다는 것은 우리에게는 의심할
여지가 없는 하나의 가치이다. 그래서 아이들에 대한
교육은 그들이 스스로 개성을 가지고 설 수 있도록 만
드는 데 방향이 맞추어져 있다. 그렇지만 그 배후에서
우리들은 아이들이 독립적이 되는 것을 어렵게 만드는
많은 기술들을 사용한다. 바로 이 점에서 이미 자율화
의 과정이 함축하고 있는 많은 문제점들이 나타난다.
"자율적이 된다"는 것은 두말할 나위도 없이 우리의
삶이 우리 자신에 대해 요구하는 이상과 요청이다. 어

떤 형식이든간에 자율은 항상 다른 사람과 자기를 구별하고 분리시키는 것과 결합되어 있고, 또 그로 인해 한편에서는 패배감과 죄책감 다른 편에서는 모욕감과 결합되어 있기 때문에 우리는 자율을 회피하려고도 한다.

그런데 인간 관계에서만 자율이 일종의 역할을 하는 것은 아니다. 우리는 마찬가지로 우리 자신의 콤플렉스와 욕망에 의해 너무 지나치게 규정받기를 원하지 않는다. 우리는 가능하다면 우리의 무의식에 대해서도 자율을 성취하고자 한다. 그것이 의식화의 목표이다. 그렇게 함으로써 우리는 또한 불안을 피하고자 한다. 왜냐하면 우리가 꿰뚫어 볼 수 없는 모든 것, 그래서 우리를 위협하고 무력하게 만드는 것은 동시에 우리에게 불안을 야기하기 때문이다.

세번째 차원에서 우리는 우리가 배웠던 것, 즉 현실적으로 타당한 규칙과 세계관 등에 대해서도 자율적이고자 한다. 간단히 말하면 더욱 자율적이고자 하는 이 의지와 다양한 자율의 이 형식들은 우리로 하여금 "우리가 존재하고 있는 바대로" 살도록 내버려두어야 한다는 것이다. 즉 "그게 바로 나야"라고 말할 수 있을 정도로 우리가 진정한 방식으로 살도록 해야 한다는 것이다. 그런데 자율의 주제가 우리에게 분명히 보여주는 것은 우리가 환경 세계, "너", 그리고 무의식에 상당히 의존하고 있으며, 또 우리 자신의 자율을 발견하는 데 이 의존 관계가 필요하다는 사실이다.

자율적이 됨은 물론 평생 동안 지속되는 과정이다. 자율은 여러 차원에 걸려 있는 까닭에 우리는 완전히 자율적으로 존재할 수는 없으며, 단지 지금까지보다는 더 자율적이 될 수 있을 뿐이다. 따라서 "자율과 그리고 의존"에 관해 말한다면, 상세하게 서술될 수 있는 자율과 이와 결합되어 있는 의존의 영역 안에서 항상 움직여야 하는 인간으로 우리 자신을 파악하는 것이 옳다. 결국 중요한 일은 그때그때 알맞는 자율과 의존의 관계를 발견하는 것이다. 즉 자율과 새로운 관계성의 상관 관계를 찾는 일이다.

자율의 추구는 개별화의 원리에 묶여 있는 사상으로부터 그 가치를 획득한다. 모든 사람은 그가 충족시켜야만 하는 특정한 과제를 가지고 있다. 이것은 그의 삶에 선천적으로 주어져 있기 때문에 결국 그의 운명이다. 자신의 과제를 실현할 수 있기 위해서 그는 항상 삶의 도움을 의미하기도 하는 필연적 의존 관계에서 벗어나야 한다. 즉 이 관계로부터 해방되어 자신을 발전시켜야 하는 것이다.

자율을 추구함으로써 발생하는 위험은 함께 살아가는 사람들, 세계, 관계의 역할이 너무 작게 평가된다는 데 있다. 그렇지만 여기에 이미 자율 추구가 빠질 수 있는 하나의 타락 형식이 표현된다. 낡아빠진 의존 관계로부터의 분리가 총체적 자기 분리로 체험되기 때문이다. 그러나 성공한 모든 자율 발전의 시금석은, 자율적 주체로 발전할 수 있도록 하나의 계기를 부여한 모든 관계에 있어서 우리가 자율적 상대자로서 행동할 수 있는가 하는 점이다. 자율이 자폐증이 되어서는 안 된다면, 우리는 인간 관계를 우리의 발전 과정을 유발하고, 촉진시키거나 방해하는 것으로 보아야 한다. 그런데 우리는 "너"와의 관계가 비로소 진정한 "나"가 되는 데 필연적 자극을 준다는 점을 확인하게 된다.

  사람 자체가 된다는 것, 개별화한다는 것, 다시 말해서 자신있게 자신의 길을 가고 책임을 받아들이는 것을 본질로 삼고 있는 이 인간상에 동화가 제시하는 인간상도 역시 구속되어 있다. 동화에 대한 우리의 물음을 제시할 수 있는 기회가 생긴다. 즉 동화의 주인공들이 자율에 이르는 길에서 어떤 문제들과 부딪치게 되는가를 보고, 또 보다 자율적인 발전을 시도하도록 자극하는 상황들이 어떤 것인가를 보다 자세하게 관찰함으로써 자율을 얻기 위해 노력하는 우리의 체험에 도움을 얻고자 한다. 사람들은 동화의 다른 주제들보다 이 주제에 의해 더 커다란 감동을 받는 것 같다.

  이제 남아 있는 문제는 무엇 때문에 자율 발전의 문제가 동화의 거울을 통해 관찰되어야 하는가 하는 물음이다. 이미 언급한 바와 같이 동화의 주인공들은 항상 자율에 이르는 도정에 있기 때문에 동화는 일종의 삶의 시각을 전달한다. 이 시각을 통해 자율화는 삶의 의미로 제시된다. 그리고 동화는 위기로부터 벗어나는 이야기 과정을 통해, 우리 스스로가 자율의 위기로부터 해방될 수 있는 방법을 발견하도록 해준다는 이점을 가지고 있다.

  동화는 변화에 대한 희망과 삶의 변화 가능성에 대한 희망을 지니고 있다. 동화는 또한 상황을 그때그때마다 좋은 방향으로 반전시킬 수 있는 힘이 충분히 존립하고 있으며, 사람은 이 힘을 찾고 발견하기만 하면 된다는 의식을 가지고 있다. 이것이 오늘날 동화가 다시 주목받고 있는 이유일지도 모른다. 동화는 비유를 통해 이야기하고, 우리의 내면에 있는 비유를 자극하

고, 우리가 가지고 있는 상상적 능력을 유혹하여 끄집
어낸다는 것이 다른 이유이다. 동화는 우리의 "논리적
사유"보다는 오히려 우리의 "전체적 사유"를 자극한
다. 즉 상관 관계를 보고 느끼고, 그것을 보다 커다란
상관 관계 속에서 사유할 수 있는 우리의 능력을 자극
하는 것이다. 동화는 전체성에 대한 우리의 욕구에 응
답한다. 동화는 또한 많은 발전 가능성을 함축하고 있
는 신비스러운 것, 전혀 알 수 없는 것에 대한 욕구에
도 응답한다. 동화는 보다 광범위한 상관 관계에서 지
각하고 체험하도록 자극하는 것이다

그러므로 동화를 읽는 것은 모든 인간에게 제기되는
실존과 발전의 물음을 가능한 한 전체적으로 읽어 내
는 것이다. 특히 우리가 비유를 비유로서 받아들여 이
비유들이 우리에게서, 즉 이들과 결합된 감정들 속에
무엇을 불러일으키는가를 관찰한다면, 동화읽기는 전
체적이 된다. 비유적 그림을 통해 체험하는 것은 동시
에 이 그림들을 해석하도록 자극한다. 물론 이 작업은
다양한 동화 해석들을 가지고 시도된다. 우리는 동화
를 아주 상이한 관점을 가지고 접근할 수 있다. 심층
심리학적, 사회학적, 민속학적, 문학적 등등의 방식으
로 접근할 수 있다. 모든 접근 방식은 각각 한 가지
측면을 예리하게 관찰하고, 그 대신에 다른 측면들을
소홀하게 다룬다. 이 점은 나의 심층심리학적 접근 방
식에도 해당된다. 나의 접근 방식은 우선 동화의 비유
적 그림들을 통해 독자 또는 동화를 듣는 청자 자신이
가지고 있는 내면의 비유적 그림들을 작동시켜 스스로
말하게 한 다음에, 동화의 그림 순서를 심리적 과정과
결합시키는 것이다. 여기 실려 있는 동화들에서 내게

중요한 것은 특히 자율에 이르는 과정들이다.

간단히 요약하여 말하면, 나의 동화 작업의 방법론적 배경은 다음과 같다. 융 학파에서는 동화를 모든 인간에게 공통적인 일반적 문제와 이 문제들의 가능한 해결 방법에 대한 상징적 서술로서 파악한다. 동화는 항상 삶의 진행 과정을 위협하는 그 무엇을 다룬다. 이것은 대개의 경우 동화의 출발 상황에서 서술된다. 그리고 동화는 어떤 발전 과정이 이 문제로부터 벗어나 새로운 삶의 상황으로 인도되는가를 보여 준다. 이 발전의 길이 그때그때마다 우회로, 위험, 좌초 등등을 함축하고 있다는 사실을 우리는 모두 알고 있다. 그것들은 동화의 주인공에게 닥치는 위험들과 마찬가지로 우리의 발전 과정에서 우리를 위협하는 위험들이다. 행동을 통해 특정한 문제 상황을 견디어 내고, 문제 해결에 필요한 방법을 취하는 표본적 인물들로서 우리는 동화의 주인공들을 바라본다. 이 경우에 꿈의 해석으로부터 알고 있는 "주체-단계적" 해석 형식을 같이 사용하는 게 주효하다는 것이 실증되었다. 주체 단계적 해석이 의미하는 바는 다음과 같다. 등장하는 모든 인물은 꿈꾸는 사람의 인격 특성으로서, 즉 여기 동화의 경우에는 주인공 인물의 인격 특성으로서 파악될 수 있다는 것이다. 예를 들어 동화에서 남자 주인공이 여우를 만나면, 그는 자신이 가지고 있는 여우 같은 특성들을 만나는 것이다.

동화를 해석함에 있어 우리는 한편으로 발전 과정, 즉 동화 안에서 거쳐야 하는 길들과 주인공이 머물고 멈추게 되는 상황들에 주목하고, 다른 한편으로는 물론 상징들을 주목한다. 상징이 무엇을 의미하는가를 알아내기 위하여 우리는 "확대"의 방법을 적용한다. 다시 말해서 우리는 특정한 동화의 모티브에 대해 유사한 경우를 제시하고자 하며, 그리고 난 다음에 인류 역사의 어떤 곳에서 이 상징이 이미 역할을 행하였으며, 또 어떤 의미 관계에 있었는가를 관찰하고자 한다. 이 확대 방법을 통해 특정한 상징이 가지는 가장 일반적인 의미가 분명해진다.[1]

비유적 그림들은 결코 분명하지 않다. 이 그림들이 다층적이면 일수록, 즉 더욱 동화적이 되면 될수록 하나의 분명한 의미를 발견하는 것은 그만큼 더욱 어려워진다. 그렇지만 동화를 해석하는 데 있어서의 긴장과 자극은 바로 이 다의성 속에 있다. 사람들은 동화를 항상 다르게 해석할 수 있다. 납득할 만한 성공적 해석의 기준은 나에게 있어 해석이 그 자체 하나의 의미를 가지고 있다는 것, 모든 개별적 특성들이 선택된 관점 밑에서 일관성있는 전체를 형성한다는 것, 또는 이 해석이 적어도 자극적이거나 아니면 반박을 유발한다는 점이다. "올바른" 해석이란 존재하지 않는다.

동화 해석은 동화를 읽고 다루는 유일한 방법도 아니고 가장 중요한 접근 방식도 아니다. 동화의 그림들을 상상해 내고, 명상하고, 만들어 내는 것도 마찬가지로 중요한 동화에 대한 접근 방식처럼 보인다.

우리가 아무리 동화를 가지고 노력한다고 할지라도, 그 안에 숨겨져 있는 보물의 일부는 드러나고, 또 일부분은 여전히 은폐되어 있어서 항상 새로운 대결을 하도록 자극할 것이다. 따라서 모든 해석은 항상 암시일 뿐이다.

14

차 례

털북숭이 소녀

　　옛날 옛적에 왕과 왕비가 있었어요. 그들은 아이를 가지지 못하였어요. 왕비는 너무 우울하여서 한순간도 기쁜 적이 없었어요. 왕비는 성안의 생활이 너무 고독하고 한적하다고 날마다 한탄하였어요.

　　"아이만 있다면, 생활이 풍요로울 텐데."

　　왕국을 두루 돌아다닐 때, 왕비는 쓰러져 가는 오두막에서 자식 복이 많은 사람을 만나게 되었어요. 그 집에 다가갔을 때, 그녀는 그 집 안주인이 아이들을 꾸중하는 것을 듣게 되었어요. 아이들이 이런저런 나쁜 일을 저질렀다는 것이었어요.

　　왕비는 이를 아주 흡족하게 생각하고, 자신도 그렇게 하고 싶었어요. 처음에 왕과 왕비는 낯선 여자 아이를 데려왔어요. 그들은 이 아이를 자식처럼 곁에 두고 기르며, 잔소리도 하고 싶었어요.

　　어느 날, 그들이 양녀로 삼은 꼬마 아가씨가 성 앞의 뜰에서 뛰어 놀고 있었어요. 아이는 금으로 된 사과를 가지고 놀고 있었어요. 그 때 가련해 보이는 부인이 길을 지나고 있었어요. 그 부인도 역시 조그만 계집애를 데리고 있었어요.

얼마 지나지 않아서 계집애와 꼬마 아가씨는 금세 좋은 친구가 되었어요. 그들은 황금 사과를 서로 던지면서 같이 놀았어요. 마침 성의 이층 창가에 앉아 있던 왕비가 이 광경을 보았어요. 그리고 왕비는 창문을 두드리면서 양녀에게 올라오라고 하였어요. 아가씨는 거지 소녀와 함께 이층으로 올라갔어요. 아가씨가 왕비의 방문으로 들어섰을 때, 그들은 서로 손을 잡고 있었어요. 왕비는 꼬마 아가씨에게 야단쳤어요.

"누더기 차림의 천한 거지 소녀와 노는 것은 네게 맞지 않는 일이야!"

왕비는 이렇게 말하며, 거지 소녀를 내쫓으려고 하였어요.

"제 엄마가 무엇을 할 수 있는지 왕비께서 아신다면, 저를 내쫓지는 않을 거예요."
하고 꼬마 계집애가 말하였어요. 왕비가 꼬치꼬치 캐묻자, 계집애는 자기 엄마가 왕비에게 아이를 가질 수 있도록 할 수 있을 것이라고 이야기하였어요. 왕비가 믿지 않으려고 하였지만, 계집애는 계속 모든 말이 사실이라고 하면서, 엄마에게 그러도록 시키기만 하면 된다고 말하였어요. 그러자 왕비는 꼬마 계집애에게 그녀의 엄마를 데려오라고 하였어요.

"네 딸이 무얼 이야기하였는지 아느냐?"
하고 왕비는 부인에게 물었어요.

"아니오."
거지 부인은 그 사실을 전혀 몰랐어요.
왕비는 다시 말하였어요.

"네가 원하기만 한다면, 내게 아이를 가질 수 있도록 해줄 수 있다고 그 애가 말하였다."

"거지 아이가 생각해 낸 것을 듣는 것은 왕비님께는 맞지 않습니다."
부인은 이렇게 말하고, 다시 밖으로 나갔어요.
왕비는 몹시 화가 나서, 작은 계집애를 내쫓으려고 하였어요. 그러나 꼬마 계집애는 모든 말이 사실이라고 거듭 약속했어요.

"왕비님께서는 저의 엄마가 마음이 풀리도록 선물을 하시기만 하면 됩니다. 그러면 방법을 말해 줄 것입니다."
하고 꼬마 아이는 말했어요. 왕비는 이를 시험해 보려고 하였어요. 거지 부인은 다시 한 번 불려왔어요. 그리고 그녀는 온갖 음식과 포도주를 원하는 만큼 대접받았어요. 오래지 않아 그녀의 혀가 풀리기 시작하였어요. 그러자 왕비는 자신의 관심사를 다시 이야기하였어요.

가난한 부인은 한 가지 방도를 알고 있기는 하다고 말하였어요.

"왕비님께서는 잠자리에 들기 전에 두 대야의 물을 가져오도록 하셔야 합니다. 씻고 난 다음에 그 물을 침대 밑에 버리십시오. 다음날 아침 일어나서 그곳을 살펴보면, 꽃이 두 송이 피어 있을 것입니다. 하나는 예쁜 꽃이고, 다른 하나는 미운 꽃이랍니다. 예쁜 꽃은 먹으시고, 미운 꽃은 그대로 두셔야 합니다. 이 마지막 일을 잊어서는 안 됩니다!"

이렇게 부인은 말하였어요.

왕비는 부인이 말해 준 대로 하였어요. 두 대야의 물을 가져오게 시킨 다음, 몸을 씻고 그 물을 침대 밑에 뿌렸어요.

아침에 살펴보니, 꽃 두 송이가 거기 피어 있었어요. 꽃 하나는 밉고 구린내가 났는데, 검은 꽃잎이 달려 있었어요. 그러나 다른 하나는 너무 빛나고 아름다워서, 그렇게 예쁜 꽃을 이전에는 한 번도 본 적이 없을 정도였어요. 왕비는 그 꽃을 재빨리 먹어 버렸어요. 그렇지만 그 꽃이 너무 맛있어서, 어쩔 도리 없이 다른 꽃도 마저 먹어 버렸어요. 그리고 아무렇지도 않을 거라고 생각하였어요.

얼마쯤 지난 후에 왕비는 아이를 가졌어요. 처음에는 여자 아이를 낳았어요. 그 아이는 주걱을 손에 들고 염소를 타고 있었어요. 그 아이는 미운데다가 구린내까지 났어요. 세상에 나오자마자 그 아이는 "엄마!"하고 불렀어요.

"하느님 맙소사, 내가 네 엄마여야 한단 말이

엄마!

냐."
하고 왕비는 말했어요.
"걱정하지 마세요. 곧 다른 아이가 나올 텐데,
그 애는 더 예쁠 거예요."
하고 염소를 타고 있는 아이가 말했어요. 그러고
나서 왕비는 아이 하나를 더 낳았는데, 그 아이는
너무 예쁘고 귀여웠어요. 그렇게 예쁜 아이는 이제
껏 본 적이 없을 정도였어요. 왕비가 얼마나 기뻐
했을지 상상할 수 있을 거예요.
　먼저 태어난 아이를 털북숭이 아이라고 불렀는
데, 그 아이가 지저분하고 미웠을 뿐만 아니라 얼
굴까지 치렁치렁 내려오는 털다발로 된 모자를 쓰
고 있었기 때문이에요. 왕비는 이 아이와는 말도
하지 않았어요. 하녀들은 이 아이를 다른 방에 가
두어 두려 하였어요. 그렇지만 아무 소용이 없었어
요. 막내가 있는 곳에는 이 아이도 함께 있으려고
하였어요. 그 둘을 전혀 떼어놓을 수가 없었어요.
　그 둘이 어느 정도 성장하였을 때였어요. 어느
크리스마스 이브에 왕비의 거실에 이르는 통로에서
아주 시끌벅적한 소란이 일어났어요. 그러자 털북
숭이 아이가 통로에서 쿵탕쿵탕거리는 것이 무슨
소리냐고 물었어요.
"네가 물어 보았자 소용이 없다."
하고 왕비가 말하였어요. 그러나 털북숭이는 물러
나지 않고, 기어이 알아내려고 하였어요. 왕비는

마침내 밖에서 크리스마스 축제를 하고 있는 여자 요괴들이라고 말해 주었어요. 그러자 털북숭이는 자기가 나가서 그 요괴들을 쫓아내겠다고 말하였어요. 하녀들은 그러지 말라고 부탁을 하였지만, 아무런 소용이 없었어요. 털북숭이는 나가서 요괴들을 쫓아내려고 하였고, 또 그래야만 하였어요.

털북숭이는 왕비에게 문이 하나라도 벙긋이 열려 있지 않도록 모든 문을 걸어 잠그라고 부탁하였어요. 그리고 나서 털북숭이는 주걱을 가지고 나가서, 요괴들을 몰아대며 쫓아내기 시작하였어요. 통로에서는 엄청난 소란이 벌어졌는데, 아마 이런 소리는 어느 누구도 들어 보지 못하였을 거예요. 마치 집이 무너지듯이 우지끈거리고 우당탕 소리가 났어요.

그렇지만 일이 어떻게 그렇게 되었던지, 문 하나가 살짝 닫히는 바람에 조금 열려 있었어요. 이 때 마침 여동생이 털북숭이가 어떻게 하고 있는지 내다보려고, 문 틈새로 머리를 내밀었어요.

바로 그 때였어요, 갑자기 요괴 하나가 다가와서는, 머리를 잡아 떼고는 그 대신 송아지 머리를 붙여 놓았어요. 공주는 곧바로 방으로 들어가 울부짖었어요. 털북숭이가 다시 들어와 동생을 바라보고는 막 꾸짖었어요. 하녀들이 동생을 돌보지 못한 것에 매우 화가 나서, 동생이 송아지로 변한 것이 과연 좋으냐고 다그쳤어요.

"그렇지만 혹시 동생을 구원할 수 있는지 내가 노력해 보겠습니다!"

하고 털북숭이가 말했어요. 그녀는 왕에게 잘 무장되고 여행 준비가 갖추어진 배 한 척을 요구하였어요. 그렇지만 그녀는 한 명의 선원도 데려가지 않으려고 하였어요. 오직 자기 동생하고만 떠나려고 하였어요. 결국 왕과 왕비는 그녀의 뜻대로 하도록 내버려두었어요.

털북숭이는 떠났어요. 곧 요괴들이 살고 있는 나라로 항해하였어요. 항구에 도착하였을 때 그녀는 동생에게 배에 남아서 조용히 있으라고 말하였어요. 털북숭이는 혼자 염소를 타고 요괴들의 성으로 향하였어요.

성안에 들어가자, 거실 문 하나가 열려 있었어요. 그리고 동생의 머리가 창문 틀 위에 놓여 있는 것을 보았어요. 그녀는 기세좋게 현관으로 들어가, 머리를 움켜쥐고는 잽싸게 도망쳤어요. 요괴들은 뒤쫓아와서, 머리를 다시 빼앗으려고 하였어요. 요괴들이 너무 가까이 다가와서, 털북숭이 소녀는 성안을 빙빙 돌면서 헤맬 수밖에 없었어요. 그러나 염소는 요괴들을 발로 차고, 뿔로 받고 하였어요. 그녀도 주격으로 내리치곤 하였는데, 결국 요괴의 무리들은 항복할 수밖에 없었어요.

털북숭이 소녀는 배로 돌아와서, 동생에게서 송아지 머리를 떼어내고 그녀의 본래 머리를 다시 붙였어요. 그래서 동생은 예전과 같이 다시 사람이 되었어요. 그들은 멀리멀리 떠나서 낯선 왕국에 도달하였어요.

그 왕국의 왕은 홀아비였는데, 오직 외아들만 있었어요. 낯선 배를 보자, 그 배가 어디에서 온 것인지, 누가 배 안에 있는지를 알아보기 위해 사람들을 해변으로 보냈어요. 그들이 해변으로 내려오자, 배 위에는 털북숭이 소녀 외에 어떤 사람도 안 보였어요. 털북숭이는 갑판 위에서 염소를 타고 있었기 때문에, 머리카락이 머리 뒤로 휘날리고 있었어요. 사람들이 이 모습을 참 기이하다고 생각하면서, 배 위에 그 밖에는 아무도 없느냐고 물었어요. 털북숭이는 자기 동생이 있다고 대답하였어요. 사람들이 그녀를 보려고 하자, 그녀는 안 된다고 대답하였어요.

"왕 이외에는 아무도 그녀를 볼 수 없습니다."

이렇게 말하고는 갑판이 진동할 정도로 염소를 타고 돌아다녔어요.

하인들이 성으로 돌아와 배 위에서 보고 들은 것을 보고하자, 왕은 곧바로 염소를 타고 있는 소녀를 보기 위해 길을 나섰어요. 왕이 오자, 털북숭이 소녀는 동생을 데리고 나왔어요. 그녀는 너무 예쁘고 귀여워서, 왕은 즉시 사랑에 빠졌어요.

왕은 두 자매를 성으로 데리고 갔어요. 그리고 동생을 왕비로 삼으려고 하였어요. 그러나 털북숭이는 왕자가 자기를 아내로 맞이하지 않으면 왕은 결코 자기 동생을 얻을 수 없다고 말하였어요.

물론 왕자는 털북숭이 소녀와 같이 못생긴 요정과는 별로 결혼하고 싶지 않았어요. 그러자 왕과 성안의 모든 사람들은 그가 결국 굴복하여, 털북숭이를 아내로 맞이하겠다고 약속할 때까지 설득하였어요. 그렇지만 왕자는 오직 강요에 의해 그렇게 하였기 때문에 매우 슬펐어요.

이제 빵을 굽고 술을 빚어 결혼식을 준비하였어요. 모든 것이 준비되면 그들은 교회에 가도록 되어 있었어요. 그러나 왕자에게는 교회로 가는 길이 평생 동안 가장 힘든 일로 느껴졌어요.

먼저 왕과 신부의 행렬이 나타났어요. 그녀는 너무 아름다워서 모든 사람들이 멈춰 서서, 보이지 않을 때까지 그녀를 바라보았어요. 그 뒤로 손에 주걱을 쥐고 염소를 따각따각 타고 가는 털북숭이 곁에 왕자가 말을 타고 나타났어요. 왕자는 결혼식에 간다기보다는 마치 장례식에 가는 것처럼 보였어요. 너무 우울한 나머지 왕자는 한마디도 말하지 않았어요.

얼마만큼 가고 난 다음에 털북숭이가,

"당신은 왜 아무 말도 하지 않습니까?"

하고 물었어요.

"내가 무얼 말해야 하겠소?"

하고 왕자는 대답했어요.

"내가 왜 추한 염소를 타고 가냐고 물을 수도 있
겠지요"
하고 털북숭이가 말했어요.
"왜 당신은 못생긴 염소를 타고 가오?"
하고 왕자가 물었어요.
"이게 못생긴 염소라고요? 이것은 어떤 신부도
탄 일이 없는 가장 아름다운 말이에요!"
하고 털북숭이가 말했어요. 그 순간 염소는 말로
변하였는데, 왕자는 그보다 더 훌륭한 말을 평생
본 적이 없을 정도였어요. 그리고 나서 털북숭이는
다시 한 번 왜 아무 말도 하지 않느냐고 왕자에게
물었어요. 무슨 말을 해야 좋을지 모른다고 왕자가
대답하자, 털북숭이는 말했어요.
"왜 내가 더러운 주걱을 손에 들고 있느냐고 당
신은 물을 수도 있겠지요!"
왕자가 그대로 물었어요.
"이게 더러운 주걱이라고요? 이것은 신부가 가
질 수 있는 가장 아름다운 은부채랍니다."
라고 털북숭이는 말했어요. 그러자마자 그것은 은
부채로 변하였어요. 그리고 화려하게 빛났어요.
그렇게 또 얼마만큼 말을 타고 갔어요. 그러나
왕자는 여전히 슬퍼서, 아무 말도 하지 않았어요.
또 털북숭이는 그에게 왜 말을 하지 않느냐고 물었
어요. 이번에는 그녀가 왜 추하디추한 잿빛 모자를
쓰고 있느냐고 물으라고 말하였어요.

내가
못 생겼다고요?
세상에서
이 보다 더
아름다운 부인은
없을 것이다

"왜 당신은 그렇게 추한 잿빛 모자를 쓰고 있
소?"
하고 왕자는 물었어요.
"이게 추한 모자라고요? 이것은 신부가 쓸 수
있는 가장 빛나는 금관이랍니다."
털북숭이가 이렇게 대답하는 순간 또 그렇게 변
하였어요.
그들은 다시 얼마 동안 갔어요. 왕자는 그래도
슬퍼서 전처럼 전혀 입을 떼지 않고 그냥 앉아 있
었어요. 신부는 왜 말을 하지 않느냐고 다시 물어
보았어요. 왕자는 이번에는 왜 그녀의 모습이 그렇
게 못생겼냐고 물어 보아야 했어요.
"그래, 당신의 모습은 왜 그렇게 못생겼소?"
하고 왕자는 물었어요.
"내가 못생겼다고요? 내 동생도 아름답지만, 나
는 그보다 열 배나 더 아름답다고 당신은 생각하시
겠지요."
하고 신부는 말했어요. 왕자가 그녀를 바라보고는,
세상에 그녀처럼 아름다운 부인은 더 없을 것이라
고 생각하였어요.
물론 왕자는 다시 입을 열었고, 더 이상 고개를
떨구지 않았어요. 그렇게 그들은 결혼식을 오랫동
안 성대하게 치렀어요. 그리고 왕과 왕자는 그들의
젊은 신부를 데리고 공주들의 아버지에게 갔어요.
거기서 그들은 다시 결혼식을 올렸는데, 그 축제는

그칠 줄 몰랐어요. 빨리 성에 가보세요, 거기에는
여전히 맥주가 남아 있을 거예요.

　이 노르웨이 동화는[2] 똑같지 않은 쌍둥이 자매에 관한 동화로서는 드문 유형에 속한다. 이 동화는 넓은 의미에서 형제 동화의 일종이다. 형제 동화의 주제는 삶의 위협에 더 잘 대처하고 서로를 보호하기 위하여 두 젊은 청년들이 형제 관계를 맺는다는 것이다. 그들은 결의 형제를 통해 더욱 용감해지고, 한계 상황을 극복할 수 있다. 마찬가지로 "털북숭이 소녀"에서도 이 자매들이 삶의 과정 속에서 새로운 것을 공동으로 획득하기 위하여 삶에 잘 대처해 나가는 것이 주제이다. 이 주제의 관점에서 우리는 특히, 어떤 자율의 형식이 여기서 등장하고, 또 실천되고 있으며, 그것은 어떤 문제들과 결합되어 있고 또 어떤 목표를 가지고 있는가 하는 문제를 다루고자 한다.

　이 동화의 주인공은 의심할 여지없이 털북숭이 소녀이다. 그녀는 우리에게 못생긴 요정으로 서술되고 있다. 그렇지만 그녀의 생동적이고 억센 삶의 방식과 독특한 존재, 특히 행해야 할 것을 행한다는 사실에서 두드러지는 그녀의 자율과 결단력있는 감행 정신이 내게 미치는 영향은 추하다기보다는 오히려 재미있고 자극적이다. 그녀의 부정적 측면이 진부할 정도로 지나치게 서술되고 있다고까지 내게 는 여겨진다. 그렇지만 다시 한 번 생각해 보자. 바로 염소를 타고 태어났다는 것, 항상 주걱을 손에 쥐고 있다는 것, 털모자를 써야만 한다는 것. 항상 그래야만 한다면, 이 모든 것은 그렇게 단순하게 견뎌 낼 수 없을지도 모른다. 털북숭이 소녀의 순진무구함, 자신의 운명에 대한 분명한 인식, 그리고 이 운명을 어떻게 해서든 극복할 수 있으리라는 그녀의 예감으로 인해 우리는 털북숭이는 본래 동물의 피부를 가지고 태어난 아이라는 사실을 간과하게 된다. 본래 털북숭이 소녀는 자신이 구원받아야 하지만 스스로 구원자의 활동을 하게 된다. 털북숭이 소녀가 그렇게 억세고 결단력있게 세상을 헤쳐 나가고, 요괴들을 물리치고, 배를 몰고, 자율적이고 공격적으로 처신하지만, 그녀 자신도 역시 구원을 필요로 한다. 그녀는 자기 동생을 구원함으로써 자기 자신을 구원한다. 이 구원의 필요성은, 삶의 가능성들을 해방시킴으로써 삶을 형성할 수 있는 자유를 성취하고자 하는 욕구와 필연성에 일치한다. 구원의 필요성은 무엇인가가 해방되어야 한다는 것을 의미하며, 또 더 이상 존립해서는 안 될 구속이 존립하고 있다는 사실을 의미한다. 동화는 기한이 다 되어 효력을 잃어버리는 구속을 마법의 변신이라고 부르고, 또 종종 저주라고 명명한다. 이것은 자율과의 상관 관계에서 매우 중요하다. 자율을 얻는다는 것은 항상 점진적인 구원과 연관되어 있다. 구속되어 있는 것은 자유를 향해 방출하게 된다.

자연스럽게 다음과 같은 물음이 제기된다. 이 자율의 의미는 무엇인가? 점점 자율적으로 된다는 것은 무엇을 뜻하는가? 여기서 중요한 사실은 한 인간이 자기 자신을 실현할 수 있다는 것인가? 융에 의하면 하나의 욕망인 개별

화 욕구가 충족되고, 또 이 자율 충동을 통해 집단적 차원
에서 무엇인가가 변화된다는 것이 중요한 일인가? 보다
많은 삶의 가능성들, 더 많은 행위와 사유의 가능성들이
생겨나거나 또는 권력과 무능력보다는 동반자 관계에 토대
를 두고 있는 관계의 새로운 형식들이 생겨난다는 의미에
서 인류의 발전에 어떤 변화가 일어나는 것인가?

동화에서 문제는 더욱 단순하게 제기된다. 결말 부분에
털북숭이 소녀는 단지 마법에서 풀려나 아름다운 부인이
된 것에 불과한가? 아니면 전체 삶의 상황에서 무엇인가
가 변화하였는가?

털북숭이 소녀가 어떤 의존 관계를 벗어나고자 하는가를
알아보고, 그녀가 자율 추구를 통해 삶에서 이루고자 하는
것이 무엇인가를 살펴보기 위해서 우리는 삶에 장애가 되
는 이 저주에 관심을 기울여야 한다.

동화는 우리에게 분명히 말해 주고 있다. 왕과 왕비는
아이를 가지지 못하였다. 『잠자는 숲속의 공주』와 같은 동
일한 유형의 동화에서 두 문장으로 이야기되고 있는 것이
이 동화에서는 장황하게 서술되고 있다. 왕비는 그래서 기
쁜 시간이 없었다. 그녀는 아이들에게 잔소리를 하며 여느
엄마들처럼 살고 싶은 강렬한 희망을 가지고 있다. 아이들
에게 부대끼며 아이들과 싸울 수 있었으면 좋겠다는 희망
은 이미 이런 삶이 궁정에 결여되어 있음을 시사하고 있
다. 궁정에는 삶이 없다는 것을 왕비는 간접적으로 말하고
있는 것이다. 그리고 이 점에서 그녀의 말은 맞다. 지배하
고 있는 전체 공동체의 모델인 왕 부부가 아이를 갖지 못
한다면, 왕 부부에게 일어나는 일이 결국 (동화의 상징처
럼) 모든 사람에게 일어나게 될 것이다. 그렇게 되면 근심
할 만한 충분한 이유가 있다. 왜냐하면 전체 공동체의 미

래가 흔들리기 때문이다. 그것은 남자와 여자의 공동 생활에 무엇인가가 근본적으로 잘못되어 있으며, 본질적인 그 무엇이 삶에 결여되어 있다는 징표이다. 이 상황은 어떤 부부가 아이를 가지지 못하고 어떻게 해서든 아이를 가지고자 하는 실제의 상황으로 이해될 수 있다. 상징적이기는 하지만, 어떤 부부 또는 개별적 인간은 미래에 대한 희망이 없는, 즉 창조적 변화에 대한 희망이 없는 삶을, 다시 말해 절망적인 삶을 벌로서 받을 수도 있는 것이다.

아이들과 부대끼며 싸우고 싶다는 왕비의 희망에서 나는, 이 체계 속에는 대결에 대한 분명한 욕구가 존립하고 있으며, 이 욕구는 성인의 방식으로는 이제까지 충족될 수 없었다고 추측할 수 있다. 왕비는 그렇게 대담하고 뻔뻔한 아이를 원할 수밖에 없는 것이다.

뻔뻔하고 용감한 아이를—진짜 개구쟁이를—가지고 싶다고 말하는 부모들은 거의 그런 아이와 친하게 지내지 못하는 부모라는 사실은 잘 알려져 있다. 그런 아이를 바라는 그들의 희망 속에는, 삶을 더욱 긴장감있게 형성하기 위해서 필수적인 것이지만, 그들에게는 없는 것이 표현된다. 왜냐하면 그렇게 낯선 성격을 가지고 있는 아이가 가정에 태어나면, 그들은 좀처럼 그 아이와 함께 자신들이 가지고 있는 공격적 측면을 발전시키지 못하고, 오히려 아이들을 버거워하기 때문이다. 이는 마치 동화 속에서 왕비가 털북숭이 소녀를 자신의 힘에 벅차다고 생각하고, 그래서 그녀에게 무심해지고 그녀에게서 멀어지고자 하는 것과 같다.

그렇지만 다시 한 번 동화의 출발 상황으로 되돌아가 보자. 왕비는 아이를 가지지 못해서, 낯선 꼬마 아이를 받아들인다. 그녀가 느끼고 있는 결함을 없애기 위해 받아들인이 낯선 꼬마 아이는 황금 사과를 가지고 놀이를 함으로써 필요한 발전 과정을 작동시킨다.

왕 부부는 자신의 운명에 대해 한탄하지 않고, 하나의 해결책을 찾고 발견하는 것이다. 왕과 왕비는 그렇게 함으로써 운명에 굴복하지 않고 운명에 대처할 수 있는 사람으로 증명된다. 그들은 최선의 해결책을 간파하고, 이를 실현한다.

이러한 태도는 동화에서 대체로 보상을 받는다. 궁정에는 새로운 삶이 시작된다. 소녀는 금으로 된 사과를 가지고 논다. 황금 사과는 헤스페르스의 딸들이 수호하고 있는 헤라의 황금 사과를 상기시킨다. 어머니 대지(가이아)는 딸 헤라가 제우스와 결혼할 때 황금 사과가 달려 있는 사과나무를 선물한다. 이 사과나무는 하늘을 떠받치고 있는 거신 아틀라스의 딸들과 점점 자라나는 용 라돈으로부터 보호되어야 하였다. 신화적 견해에 의하면 하나의 신과 여신이 신성한 결혼을 통해 결합함으로써 대지의 풍요로움이 보장되고 보지된다는 것이다. 또한 죽은 모든 것들의 부활과 창조의 보존이 성취되는 것이다. 그러므로 헤스페르스 딸들의 황금 사과는 불멸성의 상징으로서, 즉 여신이 선사할 수 있는 사랑과 생산성에 있어서 불멸성의 상징으로 여겨진다.[3] 노르웨이의 신화에서 황금 사과는 여신 이두나의 소유로 되어 있다. 이 황금 사과들은 신들에게 영원한 청춘을 보장한다.

동화 속의 왕과 왕비는 신과 여신을 대변한다. 따라서 그들의 생산성은 매우 중요하다. 그들은 또한 모든 개인에게 존재하고 있는 남성적 인격 요소와 여성적 인격 요소의 협동을 상징한다. 그런데 이 협동은 생산적이어야만 하며, 그렇기 때문에 동시에 창조적 미래를 함축하고 있다.

소녀는 이러한 요소들을 가지고 놀고 있는 것이며, 사과를 마치 공처럼 굴리고 있는 것이다. 에로스와 이와 관련된 생산성과 불멸성의 영역에서 무엇인가가 구르기 시작한 것이다. 물론 이 순간에는 이를 비록 의식하고 있지 못하고 오히려 장난처럼 하고 있지만, 새로운 생산성에 대한 약속은 이미 거기에 있다.

이 상황은 사람들이 어떤 것에 대한 집착을 버리고, 보다 나은 해결책을 시험해 봄으로써 갑자기 새로운 생동감을 느끼며, 포기하였던 바로 그것을 다시 살아나게 만드는 삶의 상황과 비교될 수 있다.

오랫동안 아이가 없었던 부부가 결국 아이를 양자로 받아들였는데, 그럼에도 불구하고 나중에는 자신의 아기를 갖게 되는 경우가 종종 있다. 집착하는 의지를 일단 포기하면 어떤 일이 일어날 수 있다.

동화 속의 사과는 곧 양녀와 거지 소녀 사이에서 이리저리 굴러 다닌다. 여기서 우리는 처음으로 소녀들의 짝을 발견한다. 이 동화에서 문제되고 있는 것이 또 여기서 암시되고 있다. 황금 사과는 공주와 거지 소녀 사이를 왔다 갔다 해야 한다는 것이다. 여성의 두 가지 형식들은 에로스를 통해 서로 결합되어야만 한다. 에로스는 생산성을 보장한다. 양 측면은 자유롭게 전개될 수 있어야 하며, 삶의 역동성에 기여해야 한다. 왕비가 상징하고 있는 지배 체제와 맞지 않는 성격들이 거지 소녀에게 은폐되어 있다는 것이 왕비가 자기 아이에게 거지 소녀와 놀지 말라고 금지하는 데서 나타난다. 그렇지만 이 아이가 구걸을 해야 할 정도로 매우 가난하다는 것은 이미 "거지 아이"라는 표현 속에 들어 있다. 상징적으로 파악하면, 그것은 거지 아이를 통해 서술되고 있는 자기 자신의 성격들이 메말라 없어지도록 내버려둔다는 것을 의미한다. 그렇지만 이러한 측면들이 거지를 통해 구걸을 하는 한, 그것들은 의식된 영혼의 영역으로부터 완전히 분리되지 않고 단지 경계지워질 뿐이다. 그런데 여기 동화에서는 이 측면들이 정말 공격적으로 효력을 발휘한다. 자기 엄마가 왕비에게 아이들을 갖게 해줄 수 있다고 이 꼬마 아이는 말하고 있지 않은가! (아이 하나도 아니고, 아이들이다.)

구걸하도록 선고를 받은 이 측면으로부터 새로운 이념이 생겨난다. 이 구걸 성격은 삶 속으로 비집고 들어오고, 삶 속에 뿌리를 내려, 쉽게 "추방되지" 않는다. 바로 여기에 자기 주장을 의미하는 한 조각의 자율이 들어 있다.

이 거지 소녀는 자신의 가치가 박탈당하도록 내버려두지 않는다. 이 아이는 왕비에게 줄 것이 있으며, 이를 또한 알고 있다. 늙은 거지는 어느 정도 점잔을 빼지만, 음식과 포도주로 대접을 받고 난 다음에는 결국 방책을 말해 준다. 이 처방은 우리에게 그 거지 여인에 관해 더 많은 것을 알려 준다. 거지는 무엇을 볼 수 있기 위해서는 일단 취해야 한다. 취한 상태에서는 정말 무엇을 "볼" 수 있으며, 왕비가 보지 못하는 상관 관계도 보게 된다. 그녀는 무아경, 도취, 그리고 이와 관련된 예언의 세계와 연결되어 있으며, 동시에 흘러넘치는 야만적 혼돈의 세계와 연결되어 있는 인물이다. 배척되고 경멸받는 이러한 삶의 측면들의 도움을 받고서야 비로소 삶은 다시 생산적이 될 수 있다.

동일한 유형의 다른 동화로부터 우리는 이 거지가 또한 약초를 파는 부인일 수도 있다는 사실을 알고 있다. 즉 그녀는 여러 약에 관해 잘 알고 있고, 그래서 변화시킬 수 있는 자연의 힘을 알고 있는 가난한 부인이다. 왕비가 몸을 씻은 물에서 두 송이의 꽃이 자라날 것이라고 거지 부인이 말한다면, 바로 이 변화시키는 힘에 관해 말하는 것이다. 이것은 정말 환상적 분위기를 불러일으킨다. 또 그런 마음이 들어야만 한다. 그런 방책을 아무런 저항없이 받아들이려면, 예언과 아주 강렬한 유아 희망에 대한 신뢰가 필요하다.

왕비가 거지 부인의 조언을 받아들이고, 즉 거지 부인이 왕비의 삶에 중요성과 의미를 부여하고, 그렇게 함으로써 그녀가—만약 우리가 거지 부인을 왕비의 억압된 인격의 특성으로 파악한다면—이제부터 왕비의 자아상에 조금씩 통합된다는 게 여기서 중요한 것인가? 물론 왕비의 전체적 삶의 상황은 변화한다. 아니면 우리는 거지 부인의 조언 자체에 상징적 의미를 부여해야 하는가?

사람들이 이제까지 경멸해야만 한다고 믿어 왔던 성격의 수용은 항상 새로운 자아상과 생동성의 증대를 가져온다. 자신의 어두운 측면을 직시하면 사람들은 더 사실적이 되고, 더 커다란 힘을 얻게 된다. 이 경우에는 틀림없이 꿋꿋해지고 감정적이고 야만적인 것에 더 가까워진다. 꽃의 성장은 이 해석에 따르면 희망과 예감의 증가와 비교될 수 있다. 물론 희망과 예감들은 자신이 가지고 있던 예전의 어두운 측면에 대한 새로운 허용과 결합되어 있다. 우리는 이 조언을 더 강렬하게 상징적으로 이해할 수 있다. 우리는 세척을 목욕재계하는 정화의 의식으로 볼 수 있다. 이 의식을 통해 왕비는 (세례가 "오래된 아담을 물로 씻어" 내는 것과 같이) 자신의 내면에 있는 옛 이브를 씻어 내고, 자신의 변신에 대한 의식을 거행한다. 그리고 나서 물은 다시 땅으로, 즉 어머니 대지 속으로 되돌아간다.

거지 부인의 조언에는 육체성에 대한 새로운 관계의 의

희망과 예감의
증가

거지부인의 조언 수용.

새로운 자아상과
생동성의 증대

미가 포함되어 있다. 왕비가 두 대야의 물로 씻어야 한다면, 그녀는 자기의 육체뿐만 아니라 자기 남편의 육체까지도 고려해야만 한다. 침대 밑의 물은 "지저분한 것"으로서 성(性)의 불결한 성격을 상징할 수도 있으며, 따라서 같이 수용되어야 한다.

두 대야는 이 동화에서 "둘"이라는 숫자의 우월성을 강조한다. 그것은 그리 놀라운 일이 아니다. 이 동화는 성격상 "예쁜" 여성과 "추한" 여성이 서로 대립되고, 또 서로 결합되어야 하는 동화이다. "둘"이라는 숫자는 양극성의 숫자로서 모든 극은 다른 극의 거울일 수 있다. 그렇다면 그것은 의식화 과정에 대한, 즉 자율화 과정에 대한 하나의 표현일 수 있다.

두 꽃은 물론 두 소녀를 미리 예고하고 있다. 밝고 예쁜 것은 먹어야 하고, 추하고 더럽고 검은 꽃잎이 달린 다른 꽃은 그대로 내버려두어야 한다.

위반할 수 있는 금지 명령들은 동화 속에 항상 나타난다. 자율 추구의 관점에서 보면 그것은 커다란 의미를 지니고 있다. 동화 주인공의 행동 반경이 좁혀짐으로써 그들은 동시에 자신의 책임하에 통상적으로 행하는 범위를 훨씬 넘어서는 행보를 취하라고 도전을 받는다. 이렇게 함으로써 문제들이 발생하지만, 이 문제들은 새로운 길에 있어서 본질적인 것이며, 새로운 길을 비로소 새롭게 만든다. 보다 커다란 자율을 계발하고자 하는 실험적 상황은 따라서 쉽게 지킬 수 없는 금지 명령들을 제시하는 것이다. 왜냐하면 이 동화에서 금지 명령들은 탐욕과—또 다른 곳에서는 호기심과—충돌하기 때문이다.

왕비는 아무런 이익이 안 된다면, 아무런 해도 되지 않을 것이라고 확신하면서 두 꽃을 먹어치운다. 여기서 왕비의 진정한 모습이 드러난다. 그녀는 조금은 탐욕스럽고, 사려깊지 못하며, 있는 것을 가지고자 하는 단순한 성격의 소유자이다.

이 탐욕으로 인하여 그녀는 실제로 두 아이를 낳게 되고, 전체 문제의 대립된 측면이 비로소 펼쳐진다. 금지 명령에 순종하였다면, 그녀는 "단지" 예쁜 딸 하나를 얻었을 것이다. 우리가 가지고 있는 어두운 측면을 허용하면, 이것이 발전 과정을 촉진시킨다는 점을 이 동화는 인상적으로 보여 주고 있다. 의식의 그늘에는, 즉 우리가 삶으로부터 배척하는 인격적 특성들에는 우리를 삶과 연결시키는 힘이 있다. 탐욕은 대개 삶의 충만이 더 이상 체험될 수 없는 곳에서 발견된다. 탐욕에는 충만에 대한 향수가 표현되는데, 이 향수는 사람들이 허용할 수 있는 것이 아니라 단지 극복해야만 하는 것이다. 왜냐하면 희구하는 것을 실현할 수 있는 미래에 대한 희망이 결여되어 있기 때문이다. 우리는 궁정에는 삶이 별로 없다는 것을 잘 알고 있다.

우리는 물론 억지를 써서 얻은 이 아이들에게는 항상 어려움이 따라다니며, 긴 구원의 과정과 발전 과정이 필요하다는 사실도 역시 알고 있다. (억지로 얻는 아이들이 그때그때마다 동물의 피부를 가지고 태어나는 "나의 고슴도치 한스"4), "꼬마 당나귀", "송아지 왕"5) 등을 참조할 것.) 무자식의 의미를 알려고 하지도 않고, 아이를 얻기 위하여 결여되어 있는 것을 발전시키려는 노력은 하지 않으면서, 어떤 대가를 치르더라도 아이를 억지로 얻으려고 했기 때문이다.

그래서 왕비는 검은 꽃잎을 가지고 있는 꽃처럼 더럽고 추한 아이를 낳는데, 그 아이는 주걱을 손에 들고 염소를 타고 있다. 그것으로는 충분하지 않다. 아이는 바로 "엄마!"하고 부른다. 신생아의 어휘력은 상당히 넓다. 아이는 엄마에게 더 예쁜 아이를 약속함으로써 그녀를 위로할 줄도 안다.

털북숭이가 세상에 태어나는 모습은 상당히 인상적이다. 우리가 여러 동화에서 알고 있는 조숙한 마녀의 딸들과 같은 양식을 보여 준다. 예를 들면 태어난 지 4주 만에 말할 줄 알고, 마치 급하다는 듯이 일어나서 일을 해야만 하는 마녀의 딸들처럼, 털북숭이도 역시 태어나자마자 말을 할 뿐만 아니라 다른 사람의 마음을 헤아릴 줄도 안다. 털북숭이는 자신의 모습을 보고 경악하는 엄마를 이해하고, 그녀를 위로하며, 또 그런 태도를 통해 특이한 낙관주의를 보여 준다. 사람들은 지나치게 근심할 필요가 없다는 입장을 취하는 털북숭이는 두 송이의 꽃을 먹을 때의 엄마와 비교될 수 있다. 이 낙관주의는 자율에로 이르는 발전 과정에 있어 중요하다. 지나치게 근심이 많고 지나치게 불안감을 느끼는 사람은 무엇인가를 실현할 수 없기 때문이다. 자율은 결국 사유의 문제가 아니라 행위의 문제인 것이다.

털북숭이 소녀가 가지고 있는 상징물들은 그녀의 앞길을 결정하는 그녀의 본질을 알려 준다. 우선 손에 쥐고 있는 주걱이 언급되고 있다. 주걱이 마치 지배자의 상징인 왕의 지팡이나 되듯이, 그녀는 주걱을 가지고 지배할 수 있고, 때로는 주걱을 가지고 내리치고, 삶이라는 요리 속을 휘저을 수 있는 것처럼 보인다. 이 주걱에는 일종의 공격성의 잠재력이 나타난다. 이 잠재력은 그 자체 건설적으로 사용될 수 있기도 하지만, 본래의 목적과는 달리 사용될 수도 있다. 염소를 보면 우리는 우선 염소와 같이 "고집센 것", "반항적인 것"의 성격을 연상한다. 물론 이것은 반항과 고집을 통해 나타날 수 있는 강화된 자율에 대한 상징이기도 하다. 그런데 털북숭이 소녀는 염소를 타고 있다. 따라서 그녀는 언어에 능숙하다는 데서 잘 드러나듯이 어느 정도 자율적이다.

언어에 능통하다는 것은 아이의 자율화 과정에서 중요한 발걸음이다. 그리고 그것은 아이에게뿐만이 아니다. 우리를 감동시키는 것을 표현할 수 있고, 우리의 관점을 서술한다는 것은 자율의 한 측면이다. 그것은 우리 자신을 구별짓고, 우리로 하여금 상황과 대결하도록 만들고, 우리에게 관계를 맺어 준다. 우리가 말할 수 있는 한 우리는 사람들이 그 말을 들을 것이라는 희망을 가진다. 그것은 우리가 우리를 역시 받쳐 주고 있는 인간 세계를 신뢰하고 있다는 사실을 표현하는 것이다.

털북숭이 소녀는 태어날 때부터 놀라울 정도로 자율적이다. 그녀는 무슨 일이 일어날지를 알고 있으며, 또 그녀의 운명을 결단력있게 장악하는 것처럼 보인다. 그러나 그녀는 그녀의 존재를 표현하는 외관에 묶여 있다.

그렇지만 우리 앞에 놓여 있는 것은 물론 하나의 동화이다. 그런데 동화의 의도는 항상, 아주 놀라운 변신이 존재한다는 것과 우리가 불가능하다고 생각하는 일들이 가능하다는 사실을 우리에게 보여 주는 것이다. 그러므로 동화는 단순히 용기를 북돋아 주려 하고, 그와 같이 놀라운 변신과 궁극적으로 창조적인 변화를 신뢰하는 희망들을 우리에게 일깨워 주려고 한다. 우리가 털북숭이를 대하면 이 점을 같이 생각해야 한다. 그녀가 저주받았음이 분명히 드러나고, 자율과 의존 사이의 긴장뿐만 아니라 또 이 의존 관계를 극복할 수 있는 힘이—여기서 이 힘은 자율로서 서술된다—드러나기 위해서는 그녀에게 자율적 측면이 과도

하게 요청되어야 한다.

　털북숭이 소녀는 염소를 타고 다니면서 마음대로 다룬다. 왜냐하면 동화의 어느 곳에서도 염소가 소녀를 태우고 다닌다는 점이 지적되지 않고 있기 때문이다. 동지제와 요괴들과의 관계에서 보면, 이 염소는 동지제 염소를 상기시킨다. 동화에서 거론되고 있는 동지제는 크리스마스에 치르는데 게르만 민족의 대표적 겨울 축제로서, 제사 의식이며 동시에 풍요를 기원하는 생산성의 축제이다. 이 축제는 낮의 길이가 다시 길어지는 절기 전환기와 밀접한 관련이 있다. 그것은 상징적으로 보면 우리 동화의 관점과 상당히 일치한다. 왜냐하면 태양이 다시 상승하는 궤도로 진입하고, 따라서 상징적으로 죽음을 극복하였다는 사실이 문제되기 때문이다. 동지는 일년의 원환이 완성되는 시기라고 통상 일컬어진다. 이 시기에는 모든 곳이 야수 사냥으로 법석이고, 유령과 사자들이 돌아다닌다. 그러나 거대한 축제가 열리는 이 시기는 또한 미래가 열려 있다고 사람들이 생각하는 시기이다. 땅속 깊이 있는 모든 괴물들은 풀려나서 공포를 불러일으키며, 서로 싸우기 시작한다. 그렇지만 혼돈의 세계에서 새로운 신세계가, 즉 새해가 시작되는 것이다.[6] 노르웨이 지방에서는 크리스마스 빵과 크리스마스 염소는 모두 이 동지제를 상기시킨다.

　크리스마스 염소를 타고 다닌다는 사실에서 털북숭이 소녀가 이 땅속 깊은 곳에 있는 힘들에 속하며, 어느 정도는 그녀가 대적해야 하는 요괴들의 딸이기도 하다는 점이 드러난다. 그런데 크리스마스 염소는 대전환의 시간이 가까워 왔다는 점을 보여 준다. 내면 심리에 있어 동지는 모든 감정적 혼란과 어둠으로 가득 찬 침체기가 극복되고 새로운 희망이 열리며, 이제부터는 모든 일이 상승할 것이라는 점을 상징한다!

　더럽고 추한 털북숭이 소녀는 털다발이 치렁치렁 얼굴까지 늘어진 모자를 쓰고 있다. 이 모자는 물론 그녀의 이름이 된다. 이 두건을 통해 다시 한 번 그녀의 본질이 거론된다. 털북숭이처럼 "텁수룩하고", 멋대로고, 더럽고, 여러 다발들이 바람에 휘날린다는 점을 미루어 볼 때, 그녀는 또한 일관성이 거의 없다. 무엇인가를 숨기고 있는 두건은 물론 그녀의 현재 모습을 드러낸다. 그러나 이를 통해 동시에 털북숭이가 변신할 것이라는 점이 암시되고 있다. (머리를 가리는 자연적 두건으로서의 머리카락을 자른다는 것은 많은 통과 의식에 속한다.)

　털북숭이가 정상적인 인간이라면, 사람들은 아마 고집세고 독특한 소녀를 상상할 것이다. 필요하다면 염소같이 고집세고, 항상 움직이며, 거의 남의 말을 듣지 않으며, 완고하게 자신의 추잡함을 고집하고, 게다가 매우 영리한 까닭에 더욱 어쩔 수 없는 그런 소녀를 상상할 것이다. 이 고집 뒤에는 슬픔이 감추어져 있다. 소위 교육을 받지 못한 비교양을 통해 자신의 자율을 나타내고, 자신의 결점마저도 결단력있게 자기 목표를 위해 투입함으로써 그것을 자신의 강점으로 만드는 소녀일 것이다. 그렇지만 그것은 그녀가 그렇게 바라기 때문이 아니라 다른 도리가 없기 때문이다. 삶으로 발현되지 못한 어머니 성격은 그녀의 엄마 콤플렉스를 규정하는데, 이러한 사실은 그녀의 본질을 가장 극명하게 드러낸다. 그녀의 엄마가 살 수 없었던 것을 그녀는 삶 속으로 통합해야만 한다. 따라서 삶으로 발현되지 않은 이 삶은 강력하게 삶으로 표출되기를 요구하는 것이다.

　털북숭이 소녀는 엄마에 대해 대립적이다. 엄마는 물론

그녀에 관해 전혀 알려고도 하지 않는다. 그녀는 바로 이 대립성을 강조해야만 한다. 아빠에게서도 그녀는 어떤 지원도 받지 못하는 것처럼 보인다. 아빠는 전혀 등장하지 않는다. 그러나 털북숭이 소녀는 완전히 자기 폐쇄적으로 사는 것은 아니다. 그녀는 자기 여동생과 관계를 가지고 있다. 극단적으로 강화된 자율은 물론 자폐증처럼 작용을 한다. 어떤 사람은 너무 지나치게 자율적으로 행동을 하여서, 관계를 전혀 가질 수 없으며 또 가지고자 하지도 않는다. 물론 그것은 자율이 아니다. 자율은 의존과 자립 사이의 긴장을 통해 비로소 증명되는 것이다.

두 자매는 전혀 분리될 수 없다. 그들은 서로에게 속해 있다. 물론 그들이 한 인간의 두 측면을 구현하고 있다고 우리는 해석할 수도 있다. 한 측면은 결함이 없고 매우 아름다우며 환경에 순응하지만, 또한 의존이 심하고 권태롭기까지 하다. 반면 다른 측면은 더럽고 고집세며 자율적이고 공격적이고 활달하다.

그러나 의존과 자율 사이의 긴장이 두 자매에게서 비유적으로 전개되어 있다고 파악할 수도 있다. 규범에 복종하고, 집에 머물러 있으며, 의존 관계에 묶여 있는 소녀는 "예쁘다"고 명명된다. 그 대신 그녀는 색깔이 없다. 반면 자율적인 소녀는 불쾌한 것으로 묘사된다. 얌전해서 주눅이 들기까지 한 애들을 "예쁘다"고 하고, 자율적인 애들을 결국 "못났다"고 간주할 위험이 있는 것은 아닌가?

항상 책동과 분리를 야기하고, 우리에게서 끊임없이 권력을 빼앗는 자율에 대한 불안이 여기서 표현되고 있다. 동화에서는 이 자율이 요정의 영역과 요괴의 영역으로부터 나온다고 이야기된다. 즉 우리가 쉽게 접근할 수 없을 뿐더러 우리가 두려워하기까지 하는 무의식의 층으로부터 나온다는 것이다. 다시 말해 그 자체 자율성을 가지고 있는 세계로부터 나오며 또 아무 때나 돌발적으로 출현하기 때문에, 그것은 우리의 의식적 의도를 가지고서도 쉽게 통제되지 않는다. 우리는 이 자율의 특성을, 그 무엇인가에 의해—대개의 경우는 그것과 어느 정도 결합되어 있는 전형적 행동 기제를 가지고 있는 감정에 의해—떠밀려 가서 우리 자신의 것이 아닌 자율의 희생물이 된다는 위험과 결합시킨다.

이러한 일은 물론 관계 내에서도 일어난다. 우리와 결합되어 있는 사람들이 갑자기 자율의 급성장을 하게 되면, 즉 무엇인가에 떠밀려 우리를 앞서가면, 우리는 놀라게 된다. "어떤 악마"가 그를 홀렸는가 하고 우리는 종종 묻게 된다. 이 사람들이 자율적이 되어서, 그들이 자신과 상황에 적합하다고 여겨지는 것을 행하게 되면, 우리는 쉽게 자율적 인간들의 희생물이 되기도 한다. 자율적인 사람들과 교제를 하면서 희생물이 되지 않기 위해서는 재빨리 자신의 자율을 발전시켜야 한다.

우리가 두 소녀를 한 인격의 성격들로 파악한다면, 두 소녀에게서 서술되고 있는 행동 방식들을 자율과 연관시키는 것이 물론 중요한 일이다. 그래서 두 소녀는 이 동화의 출발부에서 (왕비와 거지와 같이) 분명하게 드러나는 "이것 아니면 저것"이라는 양자택일의 원리에 의존해서는 안된다.

크리스마스 이브는 두 소녀를 비교할 수 있는 결정적 단서를 제공한다. 이 때 요괴라고도 불리우는 여자 요정들이 크리스마스 축제를 한다. 양성(兩性)을 가지고 있는 마귀들을 요괴라고 부른다. 그들은 거인의 모습 아니면 난쟁이의 모습으로 등장한다. [7] 요괴들에 대해 닝크는 그들이 북

유럽 전설에 나오는 광포한 전사들과 같은 강대한 힘의 상
승과 변신력을 지니고 있었다고 말하고 있다. 광포한 전사
에 관한 이 전설은, 사람이 커다란 감정과 결합함으로써
엄청난 힘을 발전시킴으로써 자신을 아주 강하게 변화시킬
수 있다는 사실에 토대를 두고 있다. 이와 같은 사실을 우
리는 아주 강한 감정에 의해 압도되는 상황으로부터 잘 알
고 있다. 격렬한 분노나 기쁨, 강렬한 사랑과 감동에 사로
잡힌 사람에 관해 우리는 그가 "제정신이 아니며", 그가
"정상적" 상태를 넘어서고 있으며, 그가 변화되고 있다고
말한다. 제정신이 아니라는 의미에서의 이 몰아적 상태에
서는 우리가 통상적으로 사용할 수 있는 것보다 훨씬 커다
란 힘이 나타난다. 그렇지만 우리는 이 몰아적 상태가 지
난 후에는 대개 지쳐 버린다. 감정에 의해 사로잡혀 본 적
이 없는 사람은 이런 과정을 비판적으로 대한다. 따라서
평상시 다르게 알고 있던 사람의 변화는 종종 나쁘게 평가
되며, 그렇기 때문에 불안을 야기시킨다.

감정에 의한 변신과 감정에 의해 사로잡힐 수 있음은 놀
라운 인간의 가능성인데, 이는 우리 자신을 초월하게 하는
가능성뿐만 아니라 추락의 위험도 함축하고 있다. 이러한
감동은 건설적인 방법으로나 부정적인 방법으로 삶에 영향
을 미칠 수 있다. 요괴들은 부정적인 방법으로 작용한다.
콩콩콩 뛰는 요괴들은 우리의 힘을 증대시키고 우리를 변
화시키는 거친 감격의 정서를 상징한다.

감정에 의해 사로잡혀 있는 상태를 이 동화는 몰이 사
냥, 소란과 소동을 서술함으로써 보여 주고 있다. 여기서
는 모든 요소들이 해방되어 있다. 그것은 새로운 것을 탄
생시켜야만 하는 혼돈과 몰락에 대한 상징이다. 즉 새해가
시작되고, 새로운 삶의 상황이 시작되는 것이다. 이는 모

든 갈등들이 동시에 드러나 일정한 형세를 이루는 인간 상황과 비교될 수 있으며, 수정처럼 점차 모습이 형성되어 안정된 새로운 상황에 처해 있다고 인식할 때까지 사람들이 가장 모순적인 감정들에 사로잡혀 있고 혼돈의 감정을 가지는 인간 상황과 비교될 수 있다.

이 요괴 사냥에서 다시 한 번 궁정의 분열과 야생적-감정적인 것과의 구별이 뚜렷해진다. 다른 모든 사람들은 동생을 보호하기 위하여 문을 걸어 잠그고 집안에 머물러 있게 된다. 그러나 털북숭이 소녀는 나가려 하고, 또 나가야만 한다. 그녀는 원하고, 또 그래야만 하는 것이다. 그것은 자신의 자유로운 결정만은 아니다. 그녀는 요괴들과 뒤섞여야 하며, 그들과 대결해야만 한다. 이 대결은 처음에는 놀이 같은 분위기를 자아낸다. 무엇인가를 "같이 한다는 것"이 중요하고, 이 야생적-감정적 측면에 대한 고백이 중요한 것같이 보인다.

그런데 예쁜 동생도 역시 끌려 들어간다. 완전무결한 분리는 더 이상 유지될 수 없는 것이다. 예쁜 여동생의 머리가 떨어지고, 대신 송아지 머리가 얹혀진다. 그것도 단순한 송아지 모양의 모자가 아니라 진짜 송아지 머리이다. 이렇게 동생은 요괴들의 영향권하에 들게 되며, 마찬가지로 마법에 걸리게 된다.

송아지는 순진무구함과 망나니의 상징으로 여겨진다. "송아지 짓을 하다"는 스위스 독어에 의하면 "재미있는 농담을 하다"는 뜻을 가지고 있다. 누구에 대해 "그는 송아지이다"라고 말하면, 그는 진지하게 받아들일 필요가 없으며, 다른 사람과 자기 자신마저도 희롱하는 사람으로 간주된다.

송아지 머리의 예쁜 공주가 울부짖는다. 이 요괴 세계에 사로잡히자마자, 그녀도 역시 활달해진다. 그 대신에 그녀도 역시 괴물이 된다.

그렇지만 이제는 무슨 일이 일어나야 한다. 실제로 요괴 세계와 싸워 무엇인가를 쟁취해야 하는 순간이 지금 온 것과 같은 것이다. 그것은 마치 사람들이 특이한 성격들을, 그것이 어떤 영역을 침범할 때까지만 참아 내는 것과 같다. 이 동화에서는 사랑하는 사람과의 관계가 침해되기 때문에, 이 장애를 아무렇지도 않은 듯이 그냥 내버려둘 수는 없다. 그렇다면 그것들과 진지하게 대결해야 한다.

동화에서도 시기는 유리하다. 동지인 것이다. 다시 말해 어둠의 힘들이 소동을 벌이고 세력을 확장하는 시간은 이제 지나가 버린 것이다. 폭발적으로 분출되는 감정의 혼란이 지나간 뒤에는 그렇게 빨리 다음의 폭발이 일어나지 않듯이 그 힘은 이제 사라질 찰나에 처해 있는 것이다. 그렇다면 사람들은 문제를 해결하기 위해 작업할 수 있다. 털북숭이는 이제 일을 시작한다.

그녀는 자기 동생을 구원하려고 한다. 이제 문제는 완전히 분명해졌다. 문제가 드러난 것이다. 이제 상호의 구원이 일어나야 하며, 또 일어날 수 있다. 털북숭이는 왕에게 선원이 없는 배 한 척을 요구하는데, 결국 사람들은 모든 일을 그녀의 의지에 맡겨야만 한다.

여기서 그녀는 다시 한 번 두 세계에 속해 있는 존재로 나타난다. 거의 마법적인 길을 통해 그녀는 여행 목적지에 도달하고, 결단을 내림에 있어 자율적인 인상을 준다. 이는 우리가 인간의 자율을 이해하는 바와 같다. 그러나 그녀는 놀랍기 그지없고, 그래서 또 무시무시하기까지 한 영역으로부터 지원을 받는다.

이제야 비로소 요괴들과의 진짜 대결이 시작된다. 털북

숭이 소녀는 이들을 어디서 찾을 수 있는지 잘 알고 있다. 아마 이 마녀들 자체가 이 배의 숨겨진 선원들일지도 모른다. 여기서 내가 말하고자 하는 바는, 털북숭이 소녀가 한편으로는 마찬가지로 요괴의 성격을 가지고 있는 까닭에 이 요괴들에 의존하고 있으며—이를 우리는 아주 특이한 형태의 (엄마가 살지 못한 것을 통한) 엄마 콤플렉스에 대한 의존으로 파악할 수도 있다—, 다른 한편으로는 자신을 이 요괴들과 구별하여 그들로부터 분리시킬 수 있는 아주 작은 가능성을 가지고 있다는 점이다. 자율이 어떻게 내면 심리적으로 표현될 수 있는가가 여기서 아주 분명해진다. 내면의 힘에 의해 사로잡혀—어떤 의미에서 우리는 항상 그렇다—이 내면적 힘에 의해 규정되고, 특징지워지고, 두드러지게 되는 우리는 바로 우리의 내면에 각인된 이 힘들을 가지고 이 힘들로부터 벗어날 수 있는 가능성을 가진다.

털북숭이는 이러한 과정이 어떻게 진행되어야 하는가를 표본적으로 보여 준다. 우선 그녀는 피할 도리없는 결단을 내리고, 이 결단을 공격적으로 변호한다. 그리고 나서 그녀는 요괴들로부터 동생의 머리를 찾아 오게 되는데, 결과적으로 계속해서 잃어버릴 수 없는 자신의 아름다운 측면을 되찾는 것이다. 즉 그녀는 자신의 아름다운 성격을 관철한다. 다음에 그녀는 염소의 힘을 가지고 요괴들과 대결한다. 염소는 뿔로 밀치고 찌르며, 그녀는 주걱을 가지고 내리친다. 요괴들을 쫓아내고, 또 요괴들이 다시 침해하지 못하도록 동원할 수 있는 온갖 공격 수단들을 다 투입한다. 그녀는 공격적 노력을 다하여 자신과 여동생으로부터 요괴들을 물리친다. 요괴의 무리들은 드디어 압도된다.

그녀는 더 이상 이 요괴들에 관여하지 않는다. 파괴적

아름다운 성격의
관철.
공격적 변호.

분위기와 기분을 자신에게서 떨쳐 버려야 하고, 그것이 얼마나 파괴적이며 또 얼마나 해가 되는가를 일단 인식하고 나면 실제로 그렇게 하듯이, 그녀는 요괴들을 공격적으로 떨쳐 버린다. 그렇게 함으로써 자율을 어느 정도 획득한다. 이제 요괴들이 그렇게 빨리는 다시 침범할 수 없을 것이다.

이 행동의 성공은, 여동생이 다시 사람이 되고, 또 주관적인 차원에서는 털북숭이가 더 이상 추하지 않고 자신의 아름다운 성격을 복원하였다는 사실로 나타난다. 두 공주가 또한 아주 멀리 떨어진 왕국에까지 갈 수 있다는 (요괴들이 이들을 방해하지 못한다) 점, 즉 요괴들이 행패를 부리는 곳으로부터 멀리 떠날 수 있다는 점에서 또 성공이 보여진다. 사람들이 자신의 파괴성과 대결을 하였다면, 유혹의 상황을 회피하는 것이 바람직하다. 즉 사람이 파괴적으로 될 수 있는 상황에 쉽게 다시 빠질 수 있는 것을 회피하는 것이 바람직하다.

요괴들을 물리쳤기 때문에 이제 털북숭이의 변신이 시작될 수 있다. 왜냐하면 요괴 세계에 속해 있는 사람으로 그녀를 서술하였던 특징들이 더 이상 필요하지 않기 때문이다.

멀리 떨어진 이 왕국에는 외아들을 가진 홀아비 왕이 살고 있다. 다시 한 번 털북숭이는 고집세고 무뚝뚝한 모습으로 나타난다. 그렇게 그녀는 왕을 유혹한다. 왜냐하면 그녀의 행동거지는 눈에 띄기에 충분하였기 때문이다. 끝에 가서 예쁜 공주가 늙은 왕과 결혼하지만 털북숭이는 왕자와 결혼한다는 사실은, 즉 그녀가 왕자와 함께 미래를 약속하는 새로운 왕 부부를 이룬다는 사실은 주목할 만하다.

　분명히 덜 자율적인 여동생은 남자와 여자의 관계에 대한 새로운 모델을 설정하는 데 아무 소용이 없다는 것을 의미하는가? 아니면 우리는 예쁜 동생을 털북숭이의 옛 자아(다른 자아)로 파악해야 하는가? 그래서 이제까지는 동생과 결합되어 있지 않았던 털북숭이가 동화에서는 항상 결여되어 있었던 아버지와의 결합을 실현하는 것인가?

　물론 이 결합에는 일종의 계략이 있다. 털북숭이는 결코 왕과 결혼할 수 없을 것이다. 그녀가 결혼하기 위해서는 예쁜 동생을 필요로 한다. 자기를 데려가야만 그녀의 예쁜 동생을 얻을 수 있다는 것이다. 이에 대한 해석은 다음과 같다. 요괴의 세계와 결합되어 있는 고집세고 추하고 더러운 부인, 즉 궁극적으로는 꿰뚫어 볼 수 없는 요정인 이 부인을 데려가야만 아름다운 부인을 얻게 된다. 그녀는 자신의 아름답고 빛나는 측면뿐만 아니라 고집을 포함한 약점까지도 받아들여지기를 바라는 것이다. 그러므로 그녀는 여성의 두 측면을 서로 결합시킨다.

　교회로 가는 길에서 변신이 실행된다. 전혀 자율적이지 못한 왕자가 형편없다고 생각하는 자기 부인을 바라보는 입장을 우리는 쉽게 이해할 수 있다.

　털북숭이는 자신의 구원을 실행한다. 그녀는 자기와 결혼하고자 하는 상대방으로서 왕자를 필요로 한다. 왕자는 그녀가 최소한 받아들여질 수 있는 토대와 어느 정도의 안정을 제공하기 때문에, 그와 함께 자신의 문제점 많은 추한 측면들을 거론할 수 있고, 이 문제들이 거론됨으로써 동시에 이 측면들의 아름다운 성격들을 파악할 수 있게 된다. 사용하는 말투를 통해, 그녀는 얼마나 많은 것들을 거론해도 무방한가를 보여 주고 있다. "당신은 왜 아무 말도 하지 않습니까?" 그것은 그녀와 관계를 맺으라는 요구이다. "내가 무얼 말해야 하겠소?" 이것은 무엇이 거론되기를 바라는지 그녀가 결정하라는 왕자의 제안이다. 그는 여기서 그녀의 자율을 인정하는 것이다. 털북숭이 소녀는 다시 무엇을 거론해야 좋은지를 말한다. 우선은 염소이다. 문제가 파악되고, 문제의 이름이 처음으로 분명하게 거론되면, 그것은 털북숭이 소녀에 의해 다르게 보여질 수 있으며, 또 재해석될 수 있는 것이다. 우리에게 있는 어떤 것도 좋은 측면이 전혀 없을 정도로 곤란하지는 않다. 다른 말로 표현하면, 우리는 우리가 수용하지 않는 것을 추한 것으로 간주한다. 이제 가능해진 재해석에서 중요한 것은 약점 속에 있는 강점을 보고, 그늘 속에 가려진 빛을 보는 일이다. 그렇게 하면 고집은 인내력으로 파악될 수 있으며, 또 무엇인가를 일관성있게 추진할 수 있는 힘으로 파악될 수 있다. 우리가 고집을 이렇게 보면, 이 힘이 있어야 할 정당한 자리가 어디이고, 또 어디에서 이 힘이 우스꽝스러워질 수 있는가를 결정하는 게 그리 어렵지 않을 것이다.

털북숭이 소녀는 왕자에게 올바른 물음을 물을 수 있는 기회를 부여함으로써 여러 문제들이 거론되어도 되는 테두리를 정한다. "너 알고 있니?", "내가 무엇을 알아야 한다는 말이니?"하고 서로 묻는 일상 생활로부터 우리는 이 언어 놀이를 익히 알고 있다.

일상 생활에서 우리는 아마 동화에서보다는 덜 우회적으로 주제에 진입할지도 모른다. 우리가 말해야 하는 주제에 관해서나, 또는 상대방에게 정말 말을 걸어도 되는지에 관해 불안하게 느낄 때 우리는 이러한 언어 놀이를 사용한다.

이와 같은 언어 유희를 통해 우리는 상대방을 "말을

걸 수 있는 존재"로 만들고자 하는 것이다.

그런데 말을 걸고 재해석하는 이 형식은 치료에 있어서 매우 중요하다. 만약 우리가 털북숭이와 같은 "고집쟁이"를 치료해야 한다고 가정해 보자. 그러면 우리는 부정적 엄마 콤플렉스의 양상들을 발견하게 될 것이고, 이와 결합된 정서를 힘과 문제로서 인식할 것이며, 이 "고집쟁이"로 하여금 자신의 고집스러운 성격, 즉 파괴에 대한 기쁨을 멀리하도록 할 것이다. 그렇다면 특히 분석 대상자의 자율을 위해서도, 이와 같은 고집쟁이 콤플렉스와 연관된 문제들을 치료자가 직접 거론하지 않고, 분석 대상자가 스스로 어떤 부분의 문제를 거론하고 싶은가를 서술하는 것이 매우 중요하다. 그렇게 되면 분석 대상자는—만약 이 동화에서와 같이 잘 진행되는 경우에—이 문제들을 재해석하는 법을 배워서, 새로운 자아상을 형성할 것이다.

털북숭이 소녀는 우선 더럽고 추한 염소를 거론한다. 염소는 신부가 이제까지 탄 것 중에서 가장 아름다운 말이다.

이 변신과 재해석의 과정에서 눈에 띄는 것은, 자신이 행한 거친 투쟁의 세계에 걸맞았던 이제까지의 수식어들이 이제는 사랑의 세계에서 역할을 하는 사물들이 된다는 점이다.

그녀가 타고 다니는 짐승이 이제는 아주 고귀한 말이 된다. 그녀는 여전히 자율적이지만, 덜 고집스럽고 상황에 순응한다. 그렇지만 그녀는 가장 아름다운 말을 타고 간다는 점에서 여전히 특이하다. 보기 흉한 주걱은 은부채로 변한다. 더 이상 휘젓고 부딪치는 방식으로 사람들과 접촉을 하는 것이 아니라 놀이하듯 상냥한 방식으로 교제한다. 추한 잿빛 모자는 신부가 가질 수 있는 가장 빛나는 금관으로 변한다. 그녀가 요괴의 영역에 속해 있다는 사실과 그녀의 고집스러움을 표현하던 것이 이제는 여성적 주권과 자율의 표현이 된다. 그런데 이것은 그녀에게 다른 사람과 관계를 맺을 수 있는 능력을 부여한다.

이제 그녀는 자신에 관해 여동생이 비록 예쁘기는 하지만 자신은 그보다 몇십 배는 더 예쁘다고 말할 수 있다. 그녀는 이제 변한 것이다. 그녀는 자신의 문제였던 추함을 극복한 것이다.

자율과 연관시켜 볼 때, 이 동화는 공격성, 파괴성과 자율에 이르는 길이 얼마나 밀접하게 관련되어 있는가를 우리에게 보여 준다. 자아-자율의 발전을 방해하는 "자율적 콤플렉스"는[8] 우리의 성격을 결정하는데, 우리가 가능한 이 콤플렉스의 영향으로부터 벗어나 자율적으로 되는 데 필요한 힘도 이 자율적 콤플렉스에 함축되어 있다는 사실이 이 동화에서 잘 나타난다. 그렇지만 우리가 문제에 부딪쳐서, 우리로 하여금 파괴적인 것을 떨쳐 버릴 수 있도록 만드는 인식의 충격을 얻는 것도 중요한 일이다. 그 밖에도 자신이 받아들여진다는 분위기 속에서—이것도 물론 의존의 한 형태이다—우리의 문제들을 하나씩 하나씩 거론할 수 있는 것이 중요하다. 그것은 비록 대단하지는 않지만 본질적인 자율 발전의 한 형식이다.

털북숭이 소녀는 파괴적으로 작용하는 자신의 감정적 측면에 대한 보다 큰 자율의 발전을 통해 마법으로부터 풀려났다. 표본적으로 수행된 그녀의 자율의 행보를 통해 여성의 상이—그녀는 왕비가 되고, 동시에 모범적 상이 된다—변화될 수도 있다. 야생적-감정적인 것, 즉 자연적인 것이 이제는 더 이상 삶을 방해하지 않고 오히려 촉진하는 방식으로 작용할 수 있는 것이다.

행복의 꽃

　옛날 옛적에 외아들과 함께 지지리도 가난하게 살던 엄마가 있었어요. 엄마가 위독하여 죽게 되었을 때, 엄마는 자식이 안타까워 매우 울면서 말했어요.

　"사랑하는 내 아들아. 세상으로 나가 너의 행복을 찾거라. 나는 곧 죽게 될 텐데, 그렇게 되면 마을에는 너를 도와줄 사람이 아무도 없을 거야. 너는 가난한 집 자식이니까! 나를 묻은 날 자정에 나의 무덤으로 와서, 그 위에 피어나는 꽃을 따거라. 그리고 그것을 네 눈을 조심하듯이 소중히 보살펴라. 그러면 그 꽃은 너를 행복에 이르는 길로 인도할 것이다."

　곧 엄마는 죽었고, 아들은 엄마를 묻었어요. 자정이 되자, 아들은 밖으로 나가 무덤으로 갔어요. 그는 갓 만들어진 엄마의 무덤 위에 아주 아름다운 푸른 꽃 한 송이가 피어 있는 것을 보았어요. 그는 꽃을 꺾어서, 조심스럽게 주머니 속에 넣었어요.

　다음날 그 청년은 세상으로 나가, 발을 절룩거리는 늑대를 만났어요. 늑대는 그에게 부탁했어요.

　"젊은이, 나의 발에서 못을 빼주겠나 ! "

　청년은 그렇게 하였어요. 그러자 늑대가 말했어요.

　"지금은 너의 호의에 보답할 수 없지만, 내게서 털 하나를 뽑아 가게. 네가 언젠가 나의 도움이 필요하면, 그 털을 불게나 ! "

　청년은 늑대의 털 하나를 뽑아서 푸른 꽃이 있는 주머니에 넣고는 세상으로 길을 떠났어요. 그는 오랫동안 세상을 이리저리 돌아다녔지만, 어디에서도 자신의 행복을 발견하지 못했어요. 마침 그는 죽은 엄마의 말이 생각나서, 푸른 꽃을 주머니에서 꺼냈어요. 그는 불만스럽게 꽃을 땅에 내려놓았어요. 그런데 이게 웬일이에요 ! 꽃이 일어서 공중으로 떠오르면서 말하는 것이었어요.

　"나를 따라와라 ! 아무도 나를 보지 못해. 너만 나를 볼 수 있어. 그러니 안심하고 나를 쫓아와. 내가 너를 행복으로 이끌어 줄게 ! "

　꽃은 청년 앞으로 떠갔고, 그는 꽃을 뒤쫓아갔어요. 저녁 무렵 그들이 숲으로 들어섰을 때, 청년은 여우를 만났어요. 여우가 말했어요.

　"젊은 양반, 벌 하나가 내 귀로 기어 들어가, 고통이 상당히 심하다네. 내 귀에서 벌을 꺼내 주

나를 주머니 속에 넣어.
그리고 내가 너를
부르면 다시 나를
꺼 내라.

게 ! ”

 청년은 그렇게 하였어요. 그러자 여우가 말했어
요.

 “너에게 무엇을 알려 주는 것밖에는 너의 호의에
보답할 길이 없군. 행복을 찾고 있지만, 네가 행복
을 발견하기 이전에 너는 나쁜 요정을 시중들어야
하네. 금뿔 난 암소 한 마리를 삼 일 동안 풀을 먹
여야 하는데, 암소가 너없이 혼자 집에 오지 않도
록 해야지, 그렇지 않으면 나쁜 요정이 너를 야단
칠 걸세. 암소가 초원에 있도록 하는 데 성공하면,
네가 일한 대가로 난로 뒤의 못에 걸려 있는 두건
을 요구하게나. 이 두건을 쓰는 사람은 어떤 사람
의 눈에도 보이지 않게 되지.”

 여우는 이렇게 말하고 사라졌어요. 청년은 푸른
꽃을 집어 주머니에 넣고는 자리에 누워 잠을 잤어
요.

 다음날 그는 꽃을 다시 꺼내었어요. 꽃이 둥실둥
실 앞에서 떠가는 것을 보고 그는 따라갔어요. 얼
마 안 가서 그들은 쇠로 된 아주 큰 집에 도달하였
는데, 꽃이 말하였어요.

 “나를 이제 네 주머니 속에 넣어, 그리고 내가
너를 부르면 다시 나를 꺼내라 ! ”

 청년이 푸른 꽃을 주머니에 넣자마자 쇠로 된 집
의 대문이 열리고 추하게 생긴 노파가 문턱에 나타
났어요.

"여기서 무얼 찾고 있니?"
하고 노파가 물었어요.
"기꺼이 시중을 들고 싶은데요."
하고 청년이 대답하였어요.
"좋다."
하고 노파가 대답하였어요.
"너를 고용하마. 금뿔 달린 암소를 초원으로 끌고 가서 풀을 뜯겨야 하는데, 소가 저녁까지 한 번이라도 너없이 집으로 달려와서는 안 된다. 만약 그러면 너를 죽일 수밖에 없다. 네가 세 번 소를 데리고 집으로 돌아오면, 너는 가장 마음에 드는 것을 내 집에서 선택해서 가져갈 수 있단다."
청년은 모든 것에 동의하고서, 금뿔 달린 소를 데리고 초원으로 갔어요. 초원에 도착하자마자, 소는 벌써 집으로 달려가려고 하였어요. 그 때 청년은 늑대의 털을 꺼내어 불었어요. 그러자 늑대가 수천 마리의 다른 늑대를 데리고 나와서 소를 에워싸고는 자리에서 움직이지 못하게 하였어요. 저녁에 청년은 소를 데리고 집으로 돌아와서 잠자리에 누웠어요.
이튿날에도 똑같은 일이 일어났어요. 셋째 날 청년이 소를 데리고 요정에게 오자, 노파는 집에서 무언가를 선택하라고 하였어요. 그는 두건을 선택하고, 그것을 못에서 빼냈어요. 그렇지만 나쁜 요정은 소리를 지르면서, 그의 손에 있는 두건을 빼앗으려고 하였어요. 그러나 청년은 재빨리 두건을 머리에 썼어요. 그래서 요정은 그를 잡을 수 없었어요. 밖으로 나왔을 때 그는 두건을 주머니에 넣었어요. 그 때 꽃이 부르는 소리를 들었어요.

"나를 꺼내 줘!"

청년은 꽃을 끄집어내고는, 둥실둥실 떠가는 꽃의 뒤를 따라갔어요.

며칠 동안 청년은 세상을 이리저리 돌아다녔어요. 그가 산에 이르렀을 때는 이미 절망에 빠져 있었어요. 지쳐서 자리에 누웠을 때 그는 꽃이 말하는 것을 들었어요.

"나를 주머니에 넣어!"

그는 그렇게 하고는, 나무 그늘에 누웠어요. 이미 오래 전에 밤이 되었지만, 청년은 여전히 잠자고 있었어요. 달은 밝게 빛났고, 산의 회색빛 바위들을 비추고 있었어요. 어떤 소리도 들을 수 없었고, 산 전체가 깊은 잠에 빠져 죽은 듯이 누워 있었어요.

그 때 외침 소리가 들려와 청년은 잠에서 깨어났어요. 놀라 주위를 돌아보았을 때, 그는 키가 두 뼘밖에 안 되는 작은 사람의 다리를 잡아당기고 있는 커다란 두꺼비 한 마리를 보았어요. 청년은 벌떡 일어나 커다란 돌 하나를 두꺼비한테 던졌어요. 그러자 두꺼비는 꼬마 사람을 놓아 주었고, 꼬마 사람은 재빨리 청년에게 달려와 팔에 안아 달라고 애원을 하였어요. 청년은 그렇게 하였어요. 그러자 꼬마 사람은 말하였어요.

"너는 나를 구해 주었어. 그렇지만 어디로 숨을 수 있을까. 저 두꺼비는 나쁜 요정인데, 수백 마리의 두꺼비를 불러서 우리를 죽일 거야."

청년은 재빨리 두건을 끄집어 내어 썼어요. 그러자마자 수천 마리의 두꺼비들이 몰려와 청년을 찾았지만, 그들은 그를 볼 수 없었어요. 청년은 꼬마 사람과 함께 길을 떠났어요. 그들이 아침 일찍이 어떤 동굴에 다다랐을 때, 꼬마 사람이 말했어요.

"나를 땅에 내려주고, 나를 따라와. 내가 너를 부자로 만들고 행복하게 해줄게."

그리고 그는 청년을 굴 안으로 데리고 들어갔어요. 그가 바위 벽을 세 번 두드리면서 외쳤어요.

"문아 열려라!
너희 형제들에게,
손님을 데리고 왔으니,
문아 빨리 열려라!"

문이 열리자, 꼬마 사람이 말했어요.
"나의 형제들이 너를 볼 수 있도록 두건을 집어 넣어."

청년은 두건을 주머니에 집어 넣었어요. 그리고 그들은 나무로 된 아름다운 방으로 들어갔어요. 여기를 거쳐 그들은 다시 쇠로 된 방으로 들어갔는데, 거기에는 은으로 된 많은 병들이 세워져 있었어요. 거기서 다시 문을 열고 그들은 금으로 된 방으로 들어갔어요. 거기에는 많은 꼬마 사람들이 왕 주위에 모여 있었어요. 왕은 다른 사람처럼 아주 작았는데, 긴 은빛 수염을 가지고 있었어요. 꼬마 사람이 청년을 왕 앞으로 데리고 가서 말했어요.

"전하! 이 청년이 저를 죽음으로부터 구해 주었습니다. 산속에 살고 있는 요정이 두꺼비로 변해서 저를 거의 죽일 뻔했습니다."

왕이 청년을 바라보고는 말했어요.

"네가 나의 충신의 생명을 구하였구나. 그래서 내가 보답코자 하는데, 네가 행복해질 수 있는 선물을 주고 싶다."

그리고 왕은 수염에서 은빛 털 하나를 뽑아 청년에게 주면서 말했어요.

"네가 곤궁에 처하면, 그렇지만 아주 극심한 곤궁에 처해야 하는데, 만약 그러면 이 털을 불어라. 그러면 내가 나의 국민들과 함께 나타나 너를 돕겠다."

왕은 청년을 은으로 된 방으로 데리고 가서, 그에게 은병 하나를 주면서 말했어요.

"네가 줄어들지 않는 이 물로 돌을 적시면, 돌은 금방 금으로 변할 것이다."

왕은 청년을 다시 쇠로 된 방으로 데리고 가서,

거기 있는 화승총 한 자루를 주면서 말했어요.

"이 총으로 너는 네가 겨냥하는 모든 것을 맞출 수가 있다. 자 이제 헤어지기로 하지. 땅의 자식은 누구라도 우리에게서 더 오랫동안 머물러서는 안 된다네."

그러자 꼬마 사람이 청년을 밖으로 데리고 나가 말했어요.

"너는 곧 유리로 된 산에 도착하게 될 텐데, 거기에는 용 한 마리가 세상에서 가장 아름다운 처녀 셋을 보호하고 있다네. 만약 네가 거기서 곤궁에 처하면, 우리에게 도움을 청하게나."

그는 청년에게 인사로 세 번 입맞춤을 하고는 다시 굴 안으로 들어갔어요. 그 때 꽃이 불렀어요.

"나를 꺼내 줘!"

청년은 그렇게 하고는, 둥실둥실 떠가는 꽃을 따라갔어요. 저녁 무렵에 어떤 호수에 도달하여, 호숫가에 누웠어요. 팔다리를 뻗자마자 그는 갑자기 호수 위를 헤엄치고 있는 세 마리의 금거위를 보았어요. 청년은 재빨리 화승총을 잡아, 그중 가장 작은 거위를 겨냥하였어요. 다른 두 마리는 놀라 도망쳤지만, 가장 작은 거위는 아리따운 처녀로 변해서 말했어요.

"당신은 나에게 인간의 모습을 다시 되돌려 주었군요. 유리산 위에 살고 있는 용이 나와 나의 두 언니에게서 인간의 모습을 앗아 갔답니다. 당신이

나의 언니들에게도 인간의 형태를 되돌려 준다면,
나는 기꺼이 당신의 아내가 되겠습니다."

다음날 그들은 용이 다른 두 언니들과 살고 있는
유리산에 도달하였어요. 청년은 꽃을 주머니에 다
시 집어 넣고, 은빛 털을 끄집어내어 불었어요. 갑
자기 수천의 꼬마 사람들이 나타났는데, 왕이 말했
어요.

"나는 네가 원하는 것이 무엇인지 알고 있다!
저 유리산에 들어가고 싶은데, 너는 그럴 수가 없
지. 그래서 우리는 너를 도와주려고 한다."

그리고 나서 꼬마 사람들은 망치질하고, 두들기
고, 구멍을 뚫기 시작하였어요. 짧은 시간에 그들
은 유리산에 커다란 구멍을 냈어요. 작업이 끝나
자, 그들은 올 때 그랬던 것처럼 갑자기 사라졌어
요. 그런데 유리산 안에서 소란이 벌어지고 큰소리
가 나더니, 두 마리의 금거위가 날아 나왔어요. 청
년은 화승총을 들어서 겨냥을 하였어요. 거위들은
아름다운 두 처녀로 변하여 땅에 떨어졌어요.

그러나 그 때 용이 나타나서는 청년에게 달려들
었어요. 청년은 화승총으로 용을 겨냥하였어요. 그
러자 용은 먼지와 연기로 변해서, 바람에 의해 멀
리 날려가 버렸어요. 이 모든 일이 일어나자, 푸른
꽃이 날아와 말하였어요.

"잘살아라, 나의 아들아! 나는 죽은 네 엄마의
영혼이란다. 이제는 내가 왔던 하늘로 다시 돌아가

야만 한단다 ! "

그리고는 푸른 꽃은 사라졌어요. 청년은 막내 처녀와 결혼하였어요. 곧 이어서 다른 언니들도 결혼했는데, 그들 모두는 행복하고 부유하게, 그리고 만족하며 같이 살았어요.

　풍요롭고, 또 일면 감미롭기까지 한 이 집시 동화는 젊은 청년이 걸어야 할 길을 이야기하고 있다. 청년은 엄마와 아주 가깝게, 그것도 시간의 한계를 넘어 영원히 결합되어 있다. 동화는 아버지에 관해서는 언급하지 않고 있다.

　이 동화는 아주 고전적인 자율의 주제를 다루고 있다. 즉 엄마에 대한 공생적 관계로부터 해방되는 길을 다루고 있는 것이다.

　공생은 본래 생물학적 개념으로서, 양측에 이익이 되는 두 유기체 사이의 기능적 관계를 의미한다. 말러는 대략 두 살부터 시작되는 유아의 "정상적" 공생의 단계를 서술하고 있다. 이 단계에서 유아는, 마치 그와 엄마가 "전능적 체계를 이루는 것처럼 행동을 한다, 즉 공동의 경계 안에 있는 이원적 생명체"처럼 행동을 하는 것이다. 이 유아기의 공생 단계 뒤에는 분리 단계가 이어진다. 이 단계에서도 엄마에 대한 접근이 다시 이루어지는데, 그것은 분리에 대한 불안 때문이다. 말러에게서 분리는 융해된 상태로부터 벗어나는 것을 의미하는데, 엄마로부터 떨어졌다는 감정으로 표현된다. 개체화는 아이가 개인적 특성을 지니고, 또 그것을 일상적 행동을 통해 보여 주는 것을 의미한다. 그러나 공생으로부터 벗어나는 아이의 발전은 달리 파악될 수 있다. 의식과 무의식의 양극성이 전혀 존재하지 않는 전체적 체험으로부터 분리가 강조되는 삶으로 이행하는 발전이 여기서 시작된다. 그것은 지속적 갈등과 대결의 계기이면서, 동시에 이와 결합된 전개의 계기가 된다. 공생에 대한 향수는 항상 자연적인 무차별 상태에 대한 향수를 표현한다. 따라서 공생과 개체화의 관계 양상을 주목할 때, 우리는 항상 무의식과 의식의 양극화를 같이 생각해야만 한다. 그런데 여기 있는 이 동화는 대체로 이러한 관점에서 해석될 수 있는 것이다.

엄마와 아이의 공생은 물론 단숨에 끝나지 않는다. 공생 관계는 유아기 전체에 걸쳐 지속되며, 가족 전체로 확대된다. 그렇지만 점점 더 공생적 욕구와 자율에 대한 욕구 사이의 긴장에 빠지게 된다.

공생적 결합에 대한 욕구는 발전 과정에 있어 가족에게만 확대되는 게 아니라, 이념적으로 가깝다고 느끼는 사람들의 집단에게로도 확대된다. 그 욕구는 종교적 공동체, 고향 등등으로 확대되는데, 특히 삶의 동반자를 지향한다. 그러나 그것이, 우리 모두가 처해 있으며, 우리의 생존에 있어 매우 본질적인 이 관계들이 필연적으로 공생적이어야만 한다는 것을 의미하지는 않는다. 그렇지만 이러한 관계들은 공생적일 수 있는데, 관계의 내면에 있어서는 무비판성과 결합하여 커다란 충성심을 야기할 수 있으며, 외부에 대해서는 공격성과 공격의 기대감을 야기할 수 있다. 적은 이 경우에 단지 바깥에서만 찾아진다. 그러므로 유아적이지는 않지만 이 발전 단계의 특징들을 내면에 함축하고 있는 인간 공동 생활의 가능한 한 형식이 공생으로 서술되는 것이다.

공생으로부터의 점진적 해방은 분리와 분리 불안의 극복과 병행한다. 따라서 공생과 개체화는 유아의 발달심리학의 주제들만은 아니다. 유아기에 처음으로—어쨌든 여기서는 극적으로 이루어진다—거론되고 극복되어야 하는 것은 평생 동안 인간 관계의 주제가 된다. "자신을 분리시켜야 함"과 "스스로 성인이 되어야 함"의 필연성, 그리고 이와 결합된 것으로서 극복되어야 하는 분리의 불안은 우리의 삶을 수반하는 주제들이다. [11]

이 동화에서 청년은 자율에의 길로 떠밀려졌다. 그는 늙은 부인의 외아들인데, 모자는 촌락의 공동체로부터 배척되어 있다. 이 점은 엄마와 아들이 얼마나 서로 가까웠던가를 말해 주고 있다. 촌락 공동체는 이와 상응하는 정도에서 "외부 세계"로, 즉 적으로 파악되고 있다. 양자 사이의 경계지움과 이에 따른 분리가 가능하기 위해 있었을 공격성은 환경 세계로 투시된다. 엄마와 아들의 결합을 보완할 수 있으며, 세계와의 결합을 만들 수 있는 아버지도 역시 결여되어 있다. 동화는 두 사람이 지지리도 가난하게 살았다고 말하고 있다. 즉 이 세계의 물품을 취득할 능력도 없었으며, 또 그들은 무언가를 줄 수 있는 사람들로부터 떨어져 있었다는 점을 말하고 있는 것이다. 주고 받는 것은 분명히 엄마와 아들의 관계로 제한되어 있다. 두 사람은 세계로부터 단절되어 있으며, 세계와 동떨어진 상태에 있는 것이다.

이제는 이 공생적 결합이 더 이상 유지될 수 없다. 왜냐하면 엄마가 죽기 때문이다. 이것은 엄마가 실제로 죽는다고 파악될 수도 있으며, 나의 해석에서도 그렇게 보고자 한다. 그렇지만 그것은 엄마가 아들의 엄마로서 죽는다는 것을 의미할 수도 있다. 즉 아들이 실제로 세상으로 나가야 하고, 자신의 길을 가야만 하기 때문에 엄마가 그를 내쫓는다는 것을 의미할 수도 있는 것이다.

엄마는 무엇을 해야 하는지를 그에게 분명하게 말해 준다. 그는 세상으로 나가서 자신의 행복을 찾아야 한다. 그는 길을 떠나서 그에게 행복을 약속하는 것, 즉 그의 삶에 의미를 부여하는 것을 찾아야 하는 것이다.

모든 이별은 자율 발전에 대한 일종의 도전이고 기회이다. 그것은 그 자체 어느 정도는 성인이 스스로 되어야 한다는 책무를 포함하고 있다. 이제 떠나려고 하는 관계 속에서 이제까지 쓰지 않고 남겨졌던 것을 삶 속에 통합할 때에만 사람은 이 자율을 성취할 수 있다. 그러므로 이제까지의 삶의 단계에서 살지 못했던 것이 항상 보다 많은 자율에로의 길을 닦는다. 이 자율의 길을 떠나게 되는 기본 분위기는 그렇지만 공생 관계 속에서 살아져 왔던 것, 즉 품안에 안고 먹이를 먹이는 안정감의 공급자에게서 체험되는 것에 의해 각인된다. 이 동화에서 엄마와 아들의 관계는, 비록 엄마로부터는 지나치게 보호되는, 그래서 안에 묶어 두는 억압적 관계이기는 하지만, 확실히 사랑스러운 관계이다. 두 사람은 아마 삶의 자율 요구에 대해 스스로를 폐쇄하였을 것이다. 만약 엄마가 자율의 요청을 들었다면, 그렇게 오랫동안 아들을 곁에 두지는 않았을 것이기 때문이다.

이 아들은 모성 콤플렉스를 가지고 있다. 그 결과로 그는 덜 독립적이며, 삶의 경험도 별로 없이 오로지 좋은 것을 희망하며, 어느 정도는 맹목적으로 신뢰감에 가득 차 있지만 공격성은 거의 없이 세상에 나가게 되는데, 그는 자신의 본능을 믿고 그에게 닥치는 것을 받아들인다. 그는 본래 긍정적인 모성 콤플렉스에 의해 각인되어 있다. 그런데 그는 그때그때마다 발전에 적합한 자율의 행보를 취하지 않았거나 아니면 그렇게 할 수 없었기 때문에, 이 콤플렉스는 그를 점차 제한하게 되었다. 그래서 엄마, 엄마의 상, 엄마에 대한 기억이 처음에는 자신의 길을 이끌게 된다.

엄마는 자기 무덤에 피어날 꽃을 가지고 가야 한다고 아들에게 지시한다. 푸른 꽃에서—동화가 말해 주고 있듯이, 그를 인도할—엄마의 상 또는 엄마의 영혼을 보아야 한다는 예감이 강렬하게 든다. 푸른 꽃의 상징에서 항상 엄마의 이미지가 서술될 수는 없을 것이다. 이 푸른 꽃은 엄마 외에도 또 다른 것을 말해 주고 있는 것이다.

푸른 꽃은 예전부터 어떤 사람으로 하여금 세계로 나가도록 하는 향수에 대한 상징이다. 푸른 꽃은 종종 정신적인 방식으로 추구될 수 있는 초월에 대한 향수의 상징이다. 그래서 그것은 낭만주의의 상징으로서 아름다운 영혼에 대한 탐구와 행복에 대한 탐구의 상징이 되었다.

엄마가 푸른 꽃으로 상징화될 수 있다면, 그녀는 어

자율의 길을
떠나거라

느 정도 천상의 정기에 의해 감화되어 있었을지도 모른다. 그녀는 초월에 대한 향수, 또는 아들과의 공생적 관계에서 발견하였을 수도 있는 조화에 대한 향수를 지니고 있었을지도 모른다.

푸른 꽃은 또한 마리아의 꽃을 지시할 수도 있다. 그렇게 되면 이 엄마는 비육신적인 신적 어머니와의 연관 관계에서 파악될 수 있다. 이 상관 관계는 다시 한 번 엄마와 아들의 관계를 매우 애정이 깊은 관계로, 그리고 용인된 관계로 보도록 자연스럽게 만들어 준다. 그렇지만 사랑의 성적인 측면은 남겨져 있으며, 허용되지 않았음에 틀림없다. 아들의 자율 발전은 여기서 그가 사랑의 성적인 측면을 같이 삶으로 끌어들여야 한다는 것을 의미한다.

아들은 자정에 무덤에서 푸른 꽃을 꺾어야 한다. 동화는 여기서 새로운 날이 시작되고, 새로운 시간과 새로운 발전 시기가 시작되고 있음을 분명히 말해 주고 있다. 엄마와의 관계에서도 역시 몇 가지의 변화가 일어났다. 아들은 무덤을 수용함으로써 엄마의 죽음을 수용한다. 엄마는 더 이상 그의 곁에 신체적으로 살아 계시지 않고, 꽃으로서 그의 앞에 둥실 떠 있는 것이다. 구체적 엄마로부터의 분리가 실행된 것이다. 엄마는 이제 그를 인도하는 "자유롭게 떠다니는 이상상"이 된 것이다. 특이한 색깔을 가지고 있는 모성 콤플렉스에 의해 각인되어 있다는 사실이 그의 삶을 계속 따라다닌다. 꽃은 정말 자율적으로 작용을 하고, 감독을 하는 것이다.

엄마를 떠나자마자 그는 다리를 절룩거리는, 총에 맞은 늑대를 만난다. 늑대는 우리의 내면에 있는 늑대

76

적인 성격에 대한 상징이다. 우리는 이 늑대적 성격을 탐욕, 공격적 탈취, 습격, 충동성과 연관지운다. 늑대는 그 자체 겁많은 동물이다. 그러나 배고프면 늑대는 맹수처럼 공격적이 된다. 늑대는 떼를 지어 사는 동물이다. 공격적 전쟁신 마르스(화성)의 동물로서 늑대는 "대식가"로 여겨진다. 그러나 늑대는 위대한 어머니의 동반자이기도 하다.

청년이 가는 길에 여기서 처음으로 만난 것은 총에 맞아 상처를 받은 공격성이다. 그것은 그에게 동물의 형태로 나타난 동물성으로서, 그가 아직 인간에 속하는 것으로 받아들이지 않기 때문에 그에게는 여전히 동물적으로 보일 수밖에 없다. 늑대에게서 총알을 빼낼 수 있다는 것이 의미하는 바는 그가 이제까지는 항상 자신의 늑대를 싸울 수 없도록 쏘아 버렸다는 사실을, 즉 그가 자신이 가지고 있는 본능적, 공격적 측면을 억압하였다는 사실과 또 그가 "늑대적"이 될 수 있다는 사실을 인지해야만 한다는 것이다. 우리의 본능적 측면을 살리지 않는다면, 우리는 손상당하기 쉽고 평형을 이루지 못한다. 그렇기 때문에 우리는 모순적인 행동을 보이게 되는 것이다.

청년이 늑대에게서 총알을 빼내어 줌으로써 늑대는 다시 운동의 능력을 가지게 된다. 아들은 그가 공격적이고 늑대적인 단면을 가지고 있다는 점을 수용하게 되는 것이다. 그리고 그는 곧 그 대가를 받게 된다. 그는 털 하나를 얻게 되는데, 그것은 입으로 불면, 즉 생명의 숨결을 불어넣으면 그를 도와주게 될 생명의 힘의 상징이다. 즉 그것은 그가 노력하여 늑대적인 성격을 부르면 그것을 얻을 수 있다는 징표이기도 하다.

그것으로써 자율에 이르는 도정에서 사실 많은 것을 얻은 셈이다. 미지의 것과 만나는 데 있어 강력한 지원이 그에게 보장된 것이다. 늑대의 털을 그는 푸른 꽃과 함께 주머니에 넣어 둔다. 그는 이제 더 이상 꽃에 의존하지 않는다. 그는 지상의 원리를 더 강하게 구현하는 늑대와도 결합되어 있는 것이다. 청년은 이미 상당히 현실적이 되고, 굳건해졌을 것이다.

그가 늑대를 다루는 방식은 다시금 모성 콤플렉스에 의해 각인되어 있음을 보여 준다. 즉 그는 늑대에게도 모성적으로 대하는데, 그는 분명 늑대가 그에게 해를 가할 수도 있다는 것을 두려워하지 않았음에 틀림없다. 물론 늑대도 역시 정중하게 말하는 그런 늑대이다. 우리가 일괄적으로 늑대를 청년의 조금은 탐욕적인 공격성의 구현으로 파악한다면, 그는 이런 측면에 거의 다다랐다고 할 수 있다. 어느 정도 "늑대와 같이" 될 수 있도록 청년은 엄마가 죽기만을 기다렸던 것인가 ?

그는 세상을 이리저리 돌아다니지만, 어느 곳에서도 자신의 행복을 발견하지 못한다. 행복이 무릎에 굴러 떨어질 것이라고 기대할 정도로 그는 순진하기 짝이 없다. 그것도 역시 본래 긍정적 모성 콤플렉스의 징표이다. 사람들은 세계가 마음씨 좋은 엄마로서 사람에게 필요한 것을 줄 것이라고 기대한다. 만약 그렇다면 그들은 여전히 어린아이로 머무르기 때문에 일단 덜 자율적이다.

자기 자신의 노력이 처음에는 아무런 결과를 가져오지 않는다. 그 때 그에게 꽃의 생각이 떠오른다. 그것도 역시 자율에 이르는 길에 전형적이다. 우리에게 무엇인가가 이루어지는 한, 우리는 일정 정도 자율적 행위를 유지할 수 있다. 그러나 사기를 잃게 되면, 우리는 주 콤플렉스에게 주도권을 내주게 되거나 또는 콤플렉스가 감독권을 빼앗아 간다. 꽃이 그의 앞을 둥실둥실 떠가면서 그에게 길을 가르쳐 준다. 그는 아마 엄마를 생각할 것이고, 예감을 가지고 있으며, 특히 행복에 대한 향수를 가지고 있다. 여러 향수는 자율에 이르는 길에 본질적인 요소들이다. 그것은 우리로 하여금 익숙한 일상을 넘어서도록 하며, 우리가 목이 탈 정도로 힘든 길을 걸으면서도 낙담하지 않도록 만든다. 우리가 다시 어떤 향수에 의해 사로잡힐 수 있다면, 또 이 향수가 우리가 막 떠나 온 삶의 분위기에 의해 각인되어 있다면, 우리는 미지의 세계로 나가는 데 필요한 용기를 얻게 된다.

꽃은 귓속에 벌이 들어간 여우에게로 청년을 인도한다. 동화의 여우가 아니었다면, 여우는 벌이 귀에 들어가면 고통으로 땅바닥에 뒹굴었을 것이며, 이 자극으로 말미암아 반쯤을 미쳤을 것이다. 귀는 평형의 기관이기 때문에 우리는 그 자극으로 인해 매우 혼란스러워 평형 상태를 잃고 제자리를 맴도는 여우를 아마 대하게 되었을지 모른다.

여우는 우리에게 그의 계략과 술책, 교활함, 간계로 잘 알려져 있다. 여우는 커다란 육체적 힘을 가지고 있지 않기 때문에, 그는 계략으로 폭력에 저항한다. 여우는 예리한 감각력과 기민함을 가지고 있는 생존의 예술가이다. 여러 출구를 가지고 있는 굴을 짓는 까닭에 여우를 잡기는 매우 어렵다. 한 번 잡히는 여우는 날카로운 이빨로 저항을 한다. 긴급한 경우에는 여우도 역시 물 수 있다.

여우는 신의 사자인 헤르메스 또는 메르쿠어와 연관되는데, 이 신은 변화와 변신의 신으로서 상인, 지식인, 도둑의 신과 관련이 있다. 여우는 또 죽음의 사자라고 여겨진다. 즉 다른 상태로 넘어가는 이행 과정과 과도기의 상황에 대해 일반적으로 책임이 있는 신이라는 것이다.

그런데 청년은 여우에게서 다른 형식의 공격성을 만나게 되는데, 이는 이제까지는 존재하였지만 그저 맴돌았을 뿐이며, 그래서 작용을 하지 않고 있었던 것이다. 이 공격성은 늑대의 공격성보다 더 지성적이고, 계산적이며, 교활하다. 삶을 극복하는 데 필요한 "여우적 성격"이 이제 그에게서 매우 중심적 자리를 잡게 된 것이다.

어떤 관점에서 상징적으로 해석되느냐에 따라, 또 인간의 내면에 있는 동물적인 것과 자연적인 것이 어떻게 평가되느냐에 따라 사람들은 모든 동물에게 부정적, 긍정적 의미를 부여한다. 그런데 여우는 분명히 이율배반적으로 평가되고 체험되고 있다고 나는 생각한다. 우리는 여우를 경탄하고, 증오하고, 매도한다. 어떤 때는 이 동화에서처럼 협조적이고, 또 어떤 때는 주의깊지 않은 사람의 몫을 빼앗아 가는 대단한 사기꾼이 된다. 여우는 이렇게 주의력 깊고, 약고, 공격적인 행동을 구현한다. 예를 들면 우리의 삶에 있어서는 우리가 통찰력, 교활함과 민첩함을 가지고 무엇인가를 쟁취하고, 그것으로 인해 덜미를 잡히지 않는 곳에서 여우가 나타날 것이다.

그것은 물론 이중적 행동일 수도 있지만, 삶을 헤쳐

나가는 데 있어서, 또 살아가면서 위협적인 것과 대결함에 있어서 매우 유익할 수 있는 행동임에 분명하다. 그렇게 모순적으로 여우가 평가되고 있지만, 인간의 자율 행보도 역시 모순적으로 평가된다. 여우는 자율의 실현이 문제되는 동화에서 종종 등장하기 때문이다.

더 자율적으로 될 수 있기 위해서는 종종 많은 간계를 필요로 한다. 환경 세계에 대해서뿐만 아니라 자기 자신에 대해서도 그렇다. 사람들은 어디쯤에서 자율의 행보를 늦추고, 눌러앉고 싶고, 다른 사람에게 책임을 떠넘기는가를 항상 예측해야만 한다. 사람은 또 온갖 불안과 실망에도 불구하고 다시 길을 떠날 수 있도록 자신을 속여넘길 수 있어야만 한다.

동화에서도 이 "여우적 성격"이 인지된다. 청년은 정말 자신의 행복을 찾으려고 한다. 그는 더 여우적이 되어야 하고, 어떤 어려움이 닥칠 것인가를 예견해야만 한다. 그리고 그는 세상이 그에게 좋은 엄마일 뿐만 아니라 그를 위협할 수도 있다는 점을 인식하고 있어야 한다. 그런 태도를 취하는 것은 긍정적 모성 콤플렉스를 가지고 있는 사람에게는 상당히 어려운 일이다. 그는 자신이 모든 사람에게 좋은 의도를 가지고 있다고 생각한다. 따라서 나른 사람들이 자신에 대해서도 좋지 않게 생각할 이유가 어디 있겠는가? 물론 긍정적 모성 콤플렉스를 가지고 있는 사람들은 그렇게 온순하지 못한 자신의 측면을 보려 하지 않는다. 그들은 늑대가 단지 밖에만 있다고 생각하는 것이다.

여우는 청년을 요정에게 보낸다. 행복을 발견하려면 먼저 금뿔이 달린 암소를 지켜야만 한다. 즉 암소가

그를 내버려두고 혼자 집에 오지 않도록 해야 하는 것
이다. 푸른 꽃은 그를 나쁜 요정인 우르메에게 데리고
간다. 요정은 쇠로 된 커다란 집에 살고 있다. 다시
한 번 푸른 꽃은 지시 사항을 말한다. 이에 따르면 청
년은 꽃을 주머니에 넣었다가, 꽃이 부를 때만 다시
꺼내어야 한다. 좋은 엄마의 상징인 "꽃"과 나쁜 엄마
인 우르메는 서로 접촉을 해서는 안 되는 것이다.

이것은 매우 본질적이다. 좋은 엄마의 측면인 우세
한 엄마 밑에서 자라난 사람은 그녀가 다른 측면도 가
지고 있다는 점을 이제 확인해야만 한다. 다시 말해서
그 "좋은 엄마"가 그를 너무 지나치게 보호하고 속박
하며 그의 자율을 제한하여서, 부정적인 것에 마주치
면 지나친 영향을 받게 되고 좋은 기억이나 체험조차
도 폄하하려는 경향을 가지고 있다는 사실을 확인할지
도 모르는 일이다.

그와 같은 평가절하가 일어나지 않고 양자가 실제로
병존할 수 있기 위해서는 분리가 이루어져야 한다. 이
것도 역시 자율에 이르는 길에 있어 중요한 행보이다.
사람들은 이 이별이 야기하였던 죄책감에서 단지 벗어
나기 위해 자신이 떠나 온 상황을 얼마나 자주 저주하
는가? 그렇게 되면 사람들은 얼마나 좋은 것을 막 떠
나 왔는지를 더 이상 보지 못하게 된다. 그것은 자신
의 체험에 대한 평가절하로서, 종종 자신의 삶의 길을
평가절하하기도 한다. 버려진 사람들을 또 그렇게 일
방적으로 비하한다면 그것은 그들에게 이중적으로 상
처를 주는 셈이 된다. 여기서 나는 부모를 생각하게
된다. 사람들은 부모에 의존하기 때문에 그들의 마음
을 상하게 함으로써만 떠날 수 있다. 그것은 부모에게

는 쉽게 견뎌 낼 수 없는 일이다. 아이들이 당신을 철저히 나쁘게 대하는 것이 아니라, 좋은 점도 몇 가지 남아 있을 수 있다는 점을 부모들이 느낀다면, 부모는 그것을 어느 정도 쉽게 참아 낼 수 있다.

이 점은 과거에 관계를 맺었던 사람들과의 대결이 문제가 되는 치료에도 역시 타당하다. 자율을 가져오는 것이 아니라 오히려 미성숙한 아이의 역할을 강화하는 어처구니없는 책임 이전의 전략을 통해 몇몇의 관계 인물들이 완전히 폄하되곤 한다. 좋은 점을 그대로 두면서, 어려운 것을 보고 이해하는 데 성공하지 못한다. 따라서 우리가 가지는 관계의 역사 중 일부분은 항상 불필요하게 평가절하된다. 그렇게 함으로써 우리는 관계사의 한 부분인 우리 자신을 같이 평가절하한다.

푸른 꽃과 우르메와의 분리를 통해 또한 근본적인 삶의 문제가 거론된다. 얼마나 자주 우리는 어긋나게 일어나는 일로 인해 긍정적 분위기를 망치는가? 얼마나 자주 우리는 좋은 측면과 나쁜 측면을 모두 가지고 있는 한 사람을 처음에는 좋게 판단하지만, 그가 만약 우리를 실망시키면 곧 좋은 점을 도외시하려 하지 않았던가?

그것도 역시 내게는 자율의 한 양상인 것처럼 보인다. 즉 우리가 만나는 사람들을 오직 부정적인 또는 오직 긍정적이기만 한 판단의 소용돌이에 끌어들이지 않고, 그들의 자율을 그대로 인정하는 것이다.

추한 노인은 쇠로 된 집에 살고 있는데, 금뿔이 달린 암소 한 마리를 가지고 있다. 자유를 상당히 좋아하는 것처럼 보이는 이 금뿔 달린 암소는 폐쇄성, 격

폐쇄성
경직성
격리성
강제성
투쟁

리성, 강제성의 감정을 암시하는 쇠로 된 집과 커다란 대비를 이룬다. 이 집은 폐쇄성, 경직성, 격리성, 강제성의 감정을 암시한다. 쇠가 군신(軍神)의 금속이고, 이런 맥락에서 군신의 전투성을 의미한다면, 여기서 전투성은 방어의 수단으로 이용되고 있다. 여기서는 여우와 같은 방식으로 투쟁하지 않고, 한바탕 크게 격투를 벌이는 것이다. 여기서 중요한 것은 자기 주장이 아니라 고립, 즉 자폐증이다. 이 나쁜 요정 우르메의 집을 청년의 심리적 상태에 대한 상징으로 파악한다면, 그는 지금 자신의 내면에 있는 강제적이고 자폐증적인 측면에 봉착하고 있다. 물론 이 측면들은 그로 하여금 다른 사람과 관계를 맺지 못하도록 할 수 있다. 관계를 맺을 수 없도록 만드는 상황, 즉 성벽에 둘러싸이고 아무 감정도 없는 고립된 상황이 서술되고 있는 것이다. 청년은 경직된 남성성의 형식으로, 과장된 완고함으로 대응할 수 있다. 그렇지만 그를 감정도 없고 고집센 사람처럼 보이도록 하는 이 완고함 뒤에는 엄마와의 유대가 숨어 있다. 이것은 삶을 저해하고 중단시키고 배척하는 양상을 띤 이 동화의 본래적 공생 관계를 상징하는 모습일 수도 있다. 이 공생 관계를 통해 그는 전적으로 통제되었었다. 그 결과는 누군가가 그의 감정에 대해 절대적 통제를 행사하려 하는 것이다.

이 쇠집에는 금뿔이 달린 암소가 있다. 이집트의 엄마, 사랑, 여성의 신이며 동시에 죽음의 여신이기도 한 "하토르(Hathor)"에 관한 서술에서 알 수 있듯이 암소는 먹이를 주는 위대한 엄마의 상징이다. 금으로 된 뿔은 암소에게 있는 공격적이고 남근적인 것으로서 남성적 측면을 강조한다.

물론 뿔은 제우스에게 젖을 준 알마테아의 풍요의 뿔을 생각나게 한다. 청년이 겪은 앞의 이야기와 연관지으면, 이제는 인격적인 엄마로부터 분리된 모성이 그를 먹여 살릴 수 있는 풍요의 원천으로서 그에게 나타난다고 생각할 수 있다. 그래서 그가 발전하여 막 벗어 버리기 시작한 긍정적 모성 콤플렉스는, 비록 그가 엄마의 좋은 측면을 지금 경험하지 않는다고 할지라도, 풍요의 원천으로 남는다.

암소의 파괴적 공격 기관인 뿔은 금으로 되어 있다. 즉 아주 중요한 가치로 설정되어 있는 것이다. 여기서 중요한 것은 아마 투쟁일 것이다. 암소는 과연 자신의 공격성으로 더 강해지는가? 청년은 자신의 공격성을 가지고서도 여전히 항상 보살펴 주는 모성 콤플렉스의 포로가 되는가, 아니면 그는 그것과 대적할 수 있는가? 문제는 결국 그가 정말 자율적이 될 수 있는가 아닌가이다.

나쁜 요정 우르메는 그에게 정말 바른 소리를 한다. 이 암소를 돌보는 데 성공하면 자기 집에서 원하는 것을 자유롭게 가져갈 수 있고, 그렇지 않으면 죽어야 한다는 것이다. 수천 마리의 늑대로 비유되는 모든 공격성을 동원해서 강철 같은 결단력으로 이 암소를 통제하는 데 성공하거나, 아니면 그는 패배할 것이다. 그의 삶은 생동적이지 못하고, 그는 주저앉게 될 것이다.

우르메의 시험과 같은 상황들은 본래 긍정적 엄마 콤플렉스에 의해 각인된 남자들의 삶에서 나타난다. 이제까지 중요하게 여겨졌던 일에 결단력있게 전력을

다하는 것이 아무런 의미도 없으며, 그냥 내버려두는
것이 더 좋다는 감정이 갑자기 드는 상황들이 그것이
다. 그렇게 되면 그들은 향락 이데올로기에 빠져 들어
자신을 잃어버린다. 그들은 자율 소망과 자유의 꿈을
환상 속에 꿈꾸기는 하지만, 그 꿈들은 더 이상 실현
되지 않는다. 곧 커다란 공허함이 자리를 차지하게 되
고, 그들은 종종 마니아에 빠지기도 한다. 그렇지만
밑바탕에 있는 엄마 콤플렉스가 정말 긍정적 콤플렉스
라면, 금뿔 달린 암소와 싸워서 행복을 찾아 길을 떠
나라고 촉구하는 세상의 호소에 마음을 열게 될 것이
다.

동화 속의 청년은 암소를 자기 의지대로 하는 데 성
공하고, 그 대가로—여우가 그에게 그렇게 말했다—
몸을 숨기는 두건을 요구한다.

몸을 숨기는 두건은 많은 사람들이 소망하는 기구이
다. 특정한 상황에 몸을 숨길 수 있는 두건을 가졌으
면 하고 바란 적이 없는 사람이 누가 있겠는가. 몸을
숨기는 두건을 가졌다면, 우리는 규칙과 규정을 상관
하지 않고 우리가 하고자 하는 것을 실제로 할 수 있
을 것이다. 몸을 숨기는 위장 두건을 가졌더라면 어떤
일을 할 수 있을 텐데 하고 우리가 환상의 나래를 펼
때, 비로소 우리의 가장 원초적 희망과 특성들이 그
속에 드러난다. 물론 몸을 숨기는 두건을 소유하는 중
요한 이유는 잡히지 않는다는 것이다. 부분적으로 자
율의 획득이 문제된다. 만약 잡힌다면, 우리는 처벌을
받을 위험에 처한다. 다른 말로 표현하면, 우리가 별
로 자율적이지 못해서 예고되고 있는 처벌로 인해 다
시 타율적 상태로 퇴락할 것이라는 불안을 가지고 있

는 한, 우리는 "몸을 숨기는 두건"을 필요로 한다. 우리는 꾀를 써서 잡힐 수 있는 이 상황들에서 벗어나야 한다. 그렇기 때문에 이 조언이 여우에게서 나온다. 이런 맥락에서 여러 가지 비밀스런 위장들이 발견된다. 사람들은 바깥으로부터의 비판에 맞서 자신의 자율 행보를 방어할 수 있는 자신감이 없기 때문에 자율의 행보를 취하는 것처럼 위장한다.

물론 나쁜 요정 우르메는 소리친다. 왜냐하면 우르메는 이제 더 이상 그를 통제할 수 없고, 그는 우르메로부터 벗어날 수 있기 때문이다. 몸을 숨기는 두건을 결단력있게 집어 들고 소유하는 그의 행동에서 건전한 공격성이 엿보인다. 동시에 우르메는 무력하게 된다. 지나치게 보호적인 엄마의 부정적 측면은 물론 과다한 통제로 나타나고, 또 청년에게도 이제서야 비로소 의식되는데, 그것은 그가 강해지면 힘을 잃게 된다. 긍정적 엄마 이미지가 다시금 주도한다.

이제 꽃이 나오고 싶다고 부른다. 꽃은 세상의 여기 저기 모든 구석으로 그를 데리고 다닌다. 그는 정말 아무런 목표없이 산에 도달하며, 완전히 절망에 빠져 있다. 여전히 행복의 흔적은 찾을 길이 없다.

그는 그늘에 누워 잠을 잔다. 어디로 가야 할지 모르는 지금 그는 잠을 청하는 것이다. 다시 힘을 회복하는 것인가, 아니면 도피하는 것인가? 아마 두 가지 다일 것이다. 이것도 역시 엄마 콤플렉스를 가지고 있는 사람들에게 전형적이다. 비교적 쉽게 실망하고, 뒤로 물러서서 잠을 청한다. 즉 잠의 안온함으로 되돌아가고자 하는 것이다. 잠은 그들에게 여전히 모든 것을 다 해주는 위대한 엄마와 같이 여겨진다. (정말 그렇기도 하다.) 이런 사람들을 사람들은 그것은 어린애 같은 행동이라고 시기어린 투로 또는 실망하여 말하곤 한다. 우리의 내면에 있는 유아적 측면을 살리는 것도 물론 매우 중요하다. 왜냐하면 그것은 미래를 내면에 함축하고 있는 우리의 창조적 측면이기도 하기 때문이다. 적절한 시기에 어린애답게 산다는 것이 중요하다. 어른이라는 존재가 비단 너무 고달파서가 아니라, 그것이 적절할 때가 있기 때문이다.

모성 콤플렉스가 지나치게 강하게 되면, 우리는 항상 어린아이의 역할로 되돌아가서, 어렵게 획득한 자율의 일부분을 포기한다. 그것은 부정적으로 작용하여, 우리가 책임을 포기하게 되는 결과를 초래하기도 한다. 그러나 자아 의식으로 우리의 삶을 규정하는 것이 아니라, 우리의 삶이 보다 큰 것에 의해 유지되기 때문에 그것은 긍정적으로 작용할 수도 있다. 무엇이 이 상황에서 더 삶을 촉진시키는가 하는 것이 그때마다 문제이다. 자율적으로 행위할 것인가, 아니면 체험된 안정으로부터 새로운 삶의 목표가 생겨날 것이라는 희망에서 결국 근본 동인에 자신을 내맡길 것인가를 택일해야 한다.

이 동화에서 우리는, 그의 자율을 발전시킬 수 있는 새로운 위기가 형성되기 위해서는 청년이 우선 잠에 떨어져야 한다는 인상을 얻게 된다.

그가 잠자고 있는 이 산은 특이하게 서술되고 있다. "어떤 소리도 들을 수 없었으며, 산 전체가 깊은 잠에 빠져 죽은 듯이 누워 있다." 잠자는 숲속의 공주의 백년간의 잠에 대한 기억이 되살아난다. 그 혼자만 잠자는 것이 아니라, 그와 함께 전세계가 잠잔다. 납같이 둔중한 정적을 이야기할 수도 있을 것이다. 불행이 스며 있는 자연적이지 못한 정적을 말이다.

"철 한스"라는 동화에서 표현된 바와 같이 경직의 그림을 우리는 여기서 다시 만나게 된다. 이제 그것은 충분히 공감할 수 있는 경직이다.

산은 비밀스러운 것, 길이 없는 것, 위험한 것의 장소이다. 그렇기 때문에 산은 또한 고독과 황량을 연상할 수 있는 장소이고, 신들과의 결합이 특히 손쉽게 보이는 장소이며, 위로부터의 명령을 받을 수 있는 장소이다. 버려졌다는 감정, 상황을 극복할 수 없다는 감정이 그를 엄습했을 수도 있다. 산들이 그의 앞에 하나하나씩 억압적으로 첩첩이 쌓인다. 그의 주위는 매우 고즈넉하다. 그는 잠을 잠으로써 이 감정에서 벗어난다. 세상의 부르는 소리가 그에게 다다를 때까지 그는 힘을 회복하며 기다리는 것이다.

이 부름은 외침의 형태로 온다. 그리고 그는 깨어난다. 앞서 느꼈던 절망이 이제는 그림으로 표현된다. 커다란 두꺼비가 키가 두 뼘밖에 되지 않는 꼬마 사람의 다리를 잡아당기고 있다. 이 꼬마 사람은 두꺼비의 적수가 되지 못하며, 그의 생명이 위험에 처해 있는 것이 틀림없다. 청년은 돌을 던져 두꺼비를 위협하고, 꼬마 사람을 팔로 안는다. 꼬마 사람은 위협의 정도를 서술한다. 두꺼비는 아주 나쁜 요정인데, 자기와 청년을 죽이기 위해 수백 마리의 두꺼비를 부를 것이라는 것이다. 그런데 다행히도 몸을 숨기는 두건이 있다. 위험이 너무 강해지면, 그는 위험으로부터 벗어날 수 있고 또 벗어나야만 한다.

그런데 무엇이 그렇게도 강대한가? 그 사람은 꼬마

사람으로, 즉 괴테의 파우스트에 나오는 인조 소인 또는 난쟁이로 서술되고 있는데, 작은 키로 말미암아 두꺼비에게 위협을 당하고 있는 것이다. "이 작은 사람은 도저히 두꺼비를 당할 수 없는 게 분명하다"는 일상 언어적 표현은 문제의 한 단면을 밝혀 주고 있다. 두꺼비는 여자에 대한 은어로서, 꿰뚫어 볼 수는 없지만 내밀하게 조작할 수 있는 여자의 성격과 마술의 성격을 말한다.

그러나 이 성격은, 만나는 남자가 이 변신의 유희와 상호적 마법의 유희를 같이 할 수 있을 정도로 충분히 힘이 셀 때에만 완전한 마법을 발휘할 수 있다. 그렇지 않을 경우 사람들은 대개 "주도한다"고 말한다. 마치 이 동화에서 주도하는 두꺼비가 남자의 발목을 잡아당겨서, 그에게서 자신의 관점을 박탈하려고 하듯이 말이다.

이 동화는 두꺼비를, 남자를 노리고 있음에 분명한 나쁜 요정으로 해석한다. 상징적으로 보면 아직도 꼬마의 단계에 있는 청년의 남성적 측면을 노리고 있는 것이다.

두꺼비는 땅의 어머니를 상징하는 동물로 여겨진다. 독사마귀를 통해 두꺼비는 독소적인 것을 구현한다. 그렇지만 두꺼비는 위대한 어머니와 가까운 관계를 가지고 있는 모든 동물과 같이 신탁의 동물이기도 하다. 그렇기 때문에 두꺼비는 마귀와 밀접하게 관련되어 있다. 특히 그들은 다른 사람들이 할 수 없는 예언을 할 수 있는 까닭에 마귀들이다. 여성적 자연성이 공포의 대상이 되는 곳에서 그것은 "악"으로 천명된다. 두꺼비는 또한 여자의 자궁과도 연관이 있다. 임신에 대한 봉납의 선물은 종종 두꺼비의 형태를 띠고 있다.

"요정"은 아마 성적인 유혹의 형태로 작은 사람에게 추근거렸을 것이다. 이 꼬마 사람은 생명력으로 두꺼비를 당할 재간이 없다고 느꼈으며, 그렇기 때문에 위협적인 것으로 체험한다. 우리는 여기서 거세에 대한 불안을 발견하게 된다. 이 거세 불안은 성적인 영역에서만 발견되는 것이 아니라, 점점 그 모습을 드러내고 성적인 것과 결합되는 엄마 콤플렉스로 인해 자신의 생식력을 다양한 삶의 영역에서 상실할 것이라는, 그래서 결국 자율적이 되지 못할 것이라는 불안을 상징한다.

그런데 흥미로운 것은 꼬마 사람과 두꺼비가 유희의 상대자로 서술되고 있으며, 또 청년이 구원자의 기능을 하지만 결국 이 사건에 연루된다는 사실이다. 청년이 긍정적 모성 콤플렉스에 의해 각인되어 있기 때문에 지금 그에게 가능한 관계에 관한 환상이 "꼬마 사람-두꺼비"의 짝에서 반영될 수도 있다. 남성적인 것과 여성적인 것은 아직도 완전성을 기약하는 행복한 관계를 형성하지 못하고 있다. 이 단계는 아직 만족할 만한 관계를 허용하지 않는데, 그것은 남성적인 것이 왜소하고 위협을 받고 있고—난쟁이들이 동굴 안에서 살고 있다는 사실에서 알 수 있듯이—엄마의 영역에서 살고 있으며, 그의 내면에 있는 여성성은 여전히 동물적인 것, 오직 생산성의 의무에만 묶여 있는 것으로 등장하고 있기 때문이다.

여기서 하나의 발전이 예시되고 있다. 관찰하고 있는 청년은 무엇이 이루어져야 하는지를 본능적으로 알고 있으며, 발전할 채비를 충분히 취하고 있다. 목표에 집중하는 능동적 공격을 통해, 즉 돌을 던져서 청년은 꼬마 사람을 해방시키고 자신을 안 보이게 만든다. 즉 두꺼비가 더 이상 잡을 수 없는 것이다. 그는 생식력을 잃지 않으려고 저항하며, 철저하게 벗어남으로써 두꺼비로부터 도망친다.

그것은 긍정적 엄마 콤플렉스로 말미암아 여자들의 말에 상당히 민감한 청년들을 상기시킨다. 그들은 자신의 생식력에 관한 암시를 당하면 위축되거나, 아니면 의도적으로 공격적으로 대응하여 더 이상 유사한 상황에 빠지지 않도록 한다. 그런데 꼬마 사람에 대한 청년의 "모성적" 행동이 다시금 눈에 띈다. 상징적으로 이해하면, 그것은 그가 대체로 인정하는 자신의 약점에 대해 엄마와 같이 보호하는 태도이다. 수용된 약점 뒤에는 항상 강점이 숨겨져 있다.

부유하고 행복해진다는 자신의 목표에 가까이 인도하는 것은 이제 푸른 꽃이 아니라 꼬마 사람이다. 꼬마 사람은 산 위에 사는 수많은 두꺼비들에 대적하는 동굴 속의 작은 사람들에게로 데리고 간다. 두 당파들은 서로 투쟁의 관계에 있다. 관계 가능성과 관련된 환상의 영역에서 이미 일종의 발전이 진행되고 있는 것이다. 꼬마 사람들은 산에 있는 동굴 속에 살고 있으며, 산의 보물인 금속들을 소유하고 있다. 산속의 동굴을 우리는 커다란 부를 가지고 있는 "위대한 어머니의 품"과 연관시킬 수 있다. 상징적으로 보면, 그는 이 위대한 어머니의 품안으로 걸어 들어가는 것이다. 그리고 많은 재화를 얻어 다시 나오는 그는 이 품으로부터 다시 태어나게 되는 것이다.

산속에 있는 꼬마 사람들은 산으로부터 보물을 끄집

어내는 난쟁이들을 연상시킨다. 이 동화에서도 그들은 보물 수호자로서, 그것도 위대한 모성의 영역 안의 보물 수호자로서 나타난다. 이 꼬마 사람들은 거세한 남자로서만, 즉 남성의 전형태로서만 나타나는 것이 아니라, 보물 수호자의 양태로서 그리고 창조적 변신의 비밀을 수호하는 사람으로서도 나타난다. 본래 긍정적 모성 콤플렉스를 가지고 있는 사람들은, 그들이 창조적 과정의 실현의 단계에서―물론 이 콤플렉스와 결합되어 있는―총체성의 요구와 이와 관련된 완벽성의 요구를 묵살할 수 있을 때에 매우 창조적인 재능을 가질 수 있다는 것은 이미 잘 알려져 있다.

이제 남성적인 것과 여성적인 것 사이의 싸움은 더 이상 일어나지 않는다. 꼬마 사람들은 오히려 산의 동굴 속에 안전하게 있으면서 그들의 일을 한다. 그들은 제자리를 찾은 것이다. 다른 한편으로 사람들은 여성적인 것이 더 강하고, 압도하는 곳에서는 남성적인 것이 작을 수밖에 없다는 사실을 알게 된다. 그렇지만 이 꼬마 사람들은 동시에 커다란 지식과 커다란 힘을 가지고 있다. 청년이 동굴 속에서 이 꼬마 사람들과 같이 있게 됨으로써, 그는 남성성의 형식으로 입문하는―물론 그는 아버지가 없었다―통과 의식을 경험하게 되는데, 이 남성성은 안온함과 풍요를 제공하는 여성성과 좋은 관계를 가지고 있다. 그런데 우리는 이 꼬마 사람들을, 긍정적 엄마 콤플렉스의 영역에서 이 영역의 보호를 받고 자신의 일을 하는 사람들이라 생각할 수 있다. 남성성으로의 이러한 인도는 긍정적 엄마 콤플렉스로부터 벗어나는 청년의 발전 과정에 있어서 동성 연애적 단계와 일치할 수 있다. 남성성이 각인된 콤플렉스 때문에 그에게 나타나는 것과 같이, 청년은 밖에 있는 남성성이나 자신의 안에 있는 남성성을 사랑해야만 한다. 이 단계는 물론 창조적 단계일 수도 있다. 즉 환상의 영역이나, 또는 실제 삶의 영역에서 그럴 수 있다. 동화에 나오는 연금술적인 상징은 우리로 하여금 이 창조성을 비전적 지식과의 상관 관계에서 보도록 만든다.

동굴에 머물면서 청년은 매우 가치있는 물건들로 무장을 한다. 그는 이제 돌을 금으로 변화시킬 수 있는 물을 가지고 떠난다. 겉으로 드러난 것만 본다면 그는 이제 부유해질 수 있는 것이다. 여기서 우리는 연금술적 소망의 생각을 발견하게 된다. 즉 돌이 금으로 되었으면 좋겠다는 생각이다. 상징적으로 보자면, 돌과 같이 아주 평범한 것으로부터 초월의 숨결을 내면에 지니고 있는 것을 만들 수 있는 능력이 문제되는 것이다.

우리는 금과 연관지워 영원한 것, 빛나는 것을 생각한다. 우리는 또한 금을 생명에 빛깔을 부여할 수 있는 태양의 빛과 결합시킨다. "돌을 금으로" 변화시킨다는 것은, 우리가 잠재우고 마비시키는 모성 콤플렉스에 함몰되지 않고, 긍정적인 엄마 콤플렉스로부터 벗어날 수 있는 능력이다. 그것은 다름아닌 삶을 ― 험난한 곳에서도 ― 빛깔이 있는 것으로 파악하고, 기꺼이 "평범한 것"에서 놀랍고 특이한 것을 보는 능력이라고 할 수 있다.

청년은 또한 그가 쏘는 것을 모두 맞힐 수 있는 화승총을 얻는다. 그는 이제 목표도 없이 맹목적으로 가지 않고, 확고한 목표 의식, 결단력으로 표현되는 공격적 기쁨을 가지고 삶에 관여하게 된다. 상황을 수동적으로 회피하거나 물러서지 않아도 된다. 몸을 숨기는 두건도 더 이상 필요치 않다. 그가 이제 자율적이되었고, 아무것도 또 누구에 대해서도 겁을 먹지 않는다는 것의 표시이다. 그러나 그가 그럼에도 불구하고위험에 처했을 경우에는 도움을 청할 수 있도록, 꼬마사람들의 왕이 그에게 회색 수염을 하나 준다. 그가자율적이 되었다고 하더니 지원을 제공하는 것은 무엇때문인가! 자율적이 되고자 감행하는 자는 곤궁에 빠졌을 경우에 남의 도움을 확신할 수 있으며, 또 도움을 받는 것을 스스로 용인할 수 있고, 자기 자신도 믿을 만한 사람으로 증명할 수 있다는 것이 바로 자율에이르는 길의 비밀이다. 그런데 이것도 역시 긍정적 모성 콤플렉스를 가지고 있는 사람들에게서 대개 성공적으로 이루어진다. 왜냐하면 비록 그들이 자신의 몫을다해야 한다는 것을 힘들게 배웠다고 할지라도, 그들은 궁극적으로 세상을 가지기 때문이다.

그가 정말로 커다란 위험에 처했을 때에만 도움을요청하라는 왕의 지시는 바로 이 점을 말하는 것이다.그는 최선을 다해야 하고, 자기 책임성을 자율적으로수용해야 한다. 그러면 그는 도움을 기대할 수 있다.수염에서는 청년이 얻을 수 있는 꼬마 사람들의 힘이표현된다.

그가 며칠 동안 산속에, 즉 남성의 영역인 땅의 내부에 있었다면, 이제 그는 공중에서 부인을 데리고 와야 한다. 깊은 땅과 하늘에 대한 관계는—두 가지 다초월의 형식들이다—청년에게 일종의 향수로 남아 있으며, 또 넘어서야 할 것으로 남아 있다. 그것은 이미 푸른 꽃을 통해 표현된 것으로서 본래 긍정적 모성 콤플렉스의 결과이다.

꼬마 사람들은 청년을 무장시켰을 뿐만 아니라, 그는 곧 가장 아름다운 세 처녀가 용에 의해 감호받고 있는 유리산에 도달할 것이라고 예언을 해준다. 그렇게 되면 그는 이 작은 민족의 도움을 필요로 할 것이라는 것이다. 다시 한 번 푸른 꽃은 길을 안내하여, 그를 조그만 호수로 데리고 간다. 가지고 있는 화승총으로 그는 거위 한 마리를 떨어뜨리는데, 이 거위는 곧 아름다운 처녀로 변한다.

여기서 우리는 이미 그림 형제의 동화 "북치는 소년"에서[13] 서술된 바 있는 "백조 소녀" 유형의 동화를 간단한 형식으로 접하게 된다.

거위는 사랑의 여신인 아프로디테의 새이다. 거위는 다채로운 모습을 가지고 있는 사랑의 영역에 속해 있다. 거위는 땅과 물과 하늘에서 움직일 수 있는 까닭에 매우 현세적이고, 또 정신적인 사랑의 영역에 속한다. 여기서 문제되는 것은 실현될 수 있는 사랑이다. 거위는 물론 생산성의 상징이며, 몇몇의 신화에서는 또한 신세계 창조의 상징이기도 하다. 그런데 사랑에 빠진 상태에서는 세계가 실제로 새롭게 창조된다. 희구하였던 처녀를 하늘에서 데리고 와야 한다는 것은 그녀가 살과 피로 된 실제의 부인이기보다는 우선은 예감과 관념에 지나지 않는다는 것을 보여 준다.

여자에 대한 투시는, 본래 긍정적 모성 콤플렉스를 가지고 있는 남자에게 그렇듯이, 포괄적일 수 있다. 거위가 삶의 모든 영역에서 움직일 수 있듯이, 여자는 남자를 삶의 모든 영역으로 끌고 들어갈 것이다. 그녀는 그에게 세계의 시작을 보장할 것이며, 그를 최고의 정점으로 이끌 것이다. 그렇지만 그가 이 고공 비행을 하는 듯한 관념들을 끄집어내림으로써 여자는 피와 살로 이루어진 사람이 된다. 그녀가 마법에 걸리지 않았다면, 또는 그가 여전히 모성 콤플렉스의 포로가 아니라면, 그는 이 여자와 관계를 맺을 수 있을 것이다. 그런데 그녀는 유리산에 감금되어 용에 의해 감시되고 있다. 이렇게 동화 전체를 관통하고 있는 감금의 모티브가 반복된다. 그녀는 마법에 걸려 거위의 피부를 가지고 있으며, 유리산 속에서 용에 의해 감시를 받고 있는 것이다.

그렇지만 여기서 우리가 보는 것은 금으로 된 거위들이다. 그것은 아마 거위가 청년에게 커다란 가치가 있다는 것을 의미하는지도 모른다. 그는 그것들을 가지고자 한다.

따라서 동화 속에는 암소의 금뿔에서 금으로 변할 수 있는 돌을 거쳐 금거위에 이르는 "금선"을 그을 수 있다. 이 선을 해석하면, 청년이 모성 콤플렉스라는 문제를 다루면 다룰수록 부가 점점 더 많아진다는 것이 분명해진다.

처녀는 구원되고자 한다. 그러나 구원은 푸른 꽃의 도움으로 이루어지지 않고, 유리산에 구멍을 뚫는 꼬마 사람들의 도움으로 이루어진다.

그의 내면에서 결단력있는 남자를 마주하고 있는 내면의 여성성에 대한 접근 통로가 그에게는 아직 막혀 있는 것이다. 남성성과 여성성이 동등한 가치를 가지는 관계를 상상한다는 것은 그에게 아직 불가능하다. 여자에 대한 관계는 아직 냉담하고 완고하다. 사람들은 물론 유리산 안을 들여다볼 수는 있지만, 그 안에 있는 것을 느낄 수는 없다. 이 유리 상자는 무척 아름 답기는 하지만 실제적 삶으로 나올 수 없는 처녀들이 앉아 있는 진열장이다. 꼬마 사람들은 조산원과 같은 역할을 한다. 그들은 이 고립을, 그리고 그 뒤에 숨겨 져 있을 수 있는 완벽성의 요구를 부숴 버린다. 이 고 립이 타파되는 순간, 즉 결단력있게 창조적으로 이 고 립을 극복하는 데 성공하는 순간 사악한 마법은 파괴 된다. 이 문제를 부수는 데는, 즉 긍정적 엄마 콤플렉 스로 말미암아 여자의 말을 귀담아 듣지 않고, 그래서 여자와의 접촉이 실제로 이루어질 수 없는 그의 문제 를 조금씩 부숴 해결하는 데는 아마 결단성이 필요할 것이다.

용과 금거위의 대립에서 우리는 다시 한 번 긍정적 엄마 콤플렉스로부터 발전할 수 있는 양극화된 여성상 을 볼 수 있다. 한편으로 용은 옭아매는 괴물과, 또 옭아매는 모성의 원시적 단계로서 나타난다. 다른 한 편으로 금거위는 최고의 정점으로 유혹하고자 하는 사 랑의 여신이다.

그렇지만 여기서 용은 이상할 정도로 약하다. 그는 거의 스스로 해체된다. 그것은 엄마 콤플렉스에 의한 위협이 극복되었다는 징표이며, 청년이 발전하여 강해 졌으며 더 이상 위협을 받지 않는다는 표시이다. 그것 은 또한 푸른 꽃이 자기는 더 이상 필요하지 않다고 스스로 말하는 데서도 드러난다. 그는 이제 원하는 것 을 할 수 있다. 이제 그는 자율적이다. 그것은 그가 더 이상 압도적인 콤플렉스 상황에 의해 규정받지 않 는다는 것을 의미한다. 그가 — 지친 — 용과 싸워 이기고 여자를 얻게 되는 이 마지막 광경에서만 용싸움이 등장하는 것은 아니다. 동화 속에서 그가 걸어야 했던 길 전체가 결국은 일종의 "용싸움"이다. 그렇기 때문에 용이 끝에 가서 그렇게 쉽게 처치되는 것이다. 길 전체가 자율의 발전을 하지 말라는 유혹에 대한 싸움의 길이다.

그런데 모성 콤플렉스로부터 벗어나는 자율의 발전은 관계를 맺을 수 있는 능력을 가져다 준다. 동화의 초반에 있었던 권력 구조가 어떻게 변화되는가가 인상적으로 보여지고 있다. 그는 자신의 의지에 따라 그 여자와 결혼을 한다. 두 자매들도 역시 결혼한다. 여성성과 남성성은 균형잡힌 형태로 공생하는 것이다. 이제서야 비로소 모든 사람이 부유하고, 행복하며, 만족한다.

동화는 본래 긍정적인 모성 콤플렉스로부터 벗어나는 발전이 일어나지 않을 때는 결국 고립으로 이어진다는 것을 보여 준다. 비록 걸어야 할 길이 여전히 밑바탕에 있는 콤플렉스에 의해 미리 규정되어 있다고 할지라도, 발전은 항상 자율의 증가로 증명된다. 즉 자율적 콤플렉스는 자율의 발전을 가져오는 것이다. 그것은 자율에 관한 우리의 생각을 어느 정도 상대화시킨다. 자율 발전에 대한 자극이 다시금 자율적 콤플렉스로부터 나오기 때문이다. 이 콤플렉스 속에 담겨져 있는 풍요로움은 한 아이에게 주어지는 좋은 감정과 사랑스러운 호의의 충만을 토대로 한다. 그 아이는 자율의 길을 한 걸음 한 걸음 걸어가면서 그 풍요로움을 자신의 고유한 삶의 가능성으로 체험하게 된다.

쇠난로

소망을 하면 그것이 여전히 효력을 발휘하였던 시절에 어떤 왕자가 늙은 마녀에 의해 저주를 받았어요. 그는 숲속에 있는 커다란 쇠난로 속에 앉아 있어야만 하였어요. 거기서 그는 몇 해인가를 보냈지만, 아무도 그를 구원할 수가 없었어요. 어느 날 어떤 공주가 숲에 왔는데, 그녀는 길을 잃고 아빠의 왕국으로 되돌아갈 수가 없었어요. 아홉 날이나 그녀는 이리저리 헤매다가, 결국 쇠난로 앞에 서게 되었어요. 그 때 왕자가 공주에게 물었어요.

"너는 어디에서 와서, 어디로 가니?"

공주가 대답하였어요.

"나는 아빠의 왕국으로 가는 길을 잃어버려서, 집으로 다시 갈 수가 없어."

그러자 쇠난로로부터 다음과 같은 말이 들렸어요.

"내가 요구하는 것을 네가 한다고 기꺼이 약속하

면, 네가 곧 집에 가도록 도와줄게. 네가 공주라면
나는 더 위대한 왕자인데, 너하고 결혼하고 싶구
나.”

그녀는 깜짝 놀라며 생각하였어요.

‘맙소사! 쇠난로가 도대체 무슨 소용이 있단 말
인가!’

그러나 공주는 몹시 아빠한테 가고 싶었기 때문
에, 그가 원하는 것을 하겠다고 서약하였어요. 그
러자 그가 말했어요.

“너는 다시 와야 한다. 칼을 가지고 와서, 난로
에다 구멍을 뚫어야 한다.”

그리고 나서 그는 공주에게 같이 갈 사람을 보내
주었어요. 그 사람은 곁에 가면서 아무 말도 하지
않았지만, 두 시간 내에 그녀를 집에 데려다 주었
어요. 공주가 다시 오자 성안에는 기쁨이 가득 찼
어요. 늙은 왕은 공주의 목에 매달려 그녀에게 입
맞춤을 하였어요. 그러나 그녀는 침울한 얼굴로 말
하였어요.

“아빠, 내게 어떤 일이 벌어졌는지 아세요! 쇠
난로를 만나지 못하였더라면, 저는 저 우거진 숲에
서 집으로 되돌아오지 못하였을 거예요. 그런데 그
대가로 저는 그에게 다시 돌아가, 그를 구원하고
결혼할 것을 서약할 수밖에 없었어요.”

그러자 늙은 왕은 너무 놀라서 거의 졸도할 뻔하
였어요. 왜냐하면 그녀는 그에게 외동딸이었으니까

요. 상의를 한 결과 그들은 예쁜 방앗간집 딸을 대신 보내기로 하였어요. 그녀를 데리고 숲속으로 가 칼을 주면서, 쇠난로를 긁으라고 하였어요. 그녀는 스물네 시간 동안 긁어댔지만 쇠난로를 조금도 부술 수가 없었어요. 날이 밝자, 난로 안에서 다음과 같은 소리가 들렸어요.

"내 생각에는 밖에 날이 샌 것 같구나!"

그러자 그녀는 대답하였어요.

"내 생각도 그래. 방아가 덜커덕거리는 소리를 들은 것 같아."

"그렇다면 너는 방앗간집 딸이구나. 그렇다면 빨리 되돌아가서, 공주를 오도록 하여라."

그러자 그녀는 되돌아가, 난로 안에 있는 사람은 자기를 원하지 않고 공주를 원한다고 왕에게 말하였어요. 늙은 왕은 놀랐고, 공주는 울었어요. 그런데 방앗간집 딸보다 더 예쁜 돼지 목장집 딸이 있었어요. 그들은 돼지 목장집 딸에게 돈을 주어 공주 대신 쇠난로에게 가도록 하였어요. 그래서 그녀는 숲으로 나가, 역시 스물네 시간 동안 쇠난로를 깎아댔어요. 그렇지만 조금도 깎을 수가 없었어요. 다시 날이 새자, 난로에서 다음과 같은 소리가 들렸어요.

"내 생각에는 밖이 밝은 것 같은데!"

그러자 그녀가 대답하였어요.

"내 생각도 그래. 아버지가 뿔피리를 부는 소리

를 들은 것 같아 ! ”

“그렇다면 너는 돼지 목장집 딸이구나. 얼른 가서 공주보고 오라고 해라. 그리고 내가 그녀에게 약속한 것을 공평하게 보답하라고 해라. 만약 그녀가 오지 않으면, 모든 것이 허물어져 버려서 돌 하나도 남아 있지 않을 것이라고 말해라. ”

공주는 이 말을 듣자 울기 시작하였어요. 약속을 지키는 수밖에 다른 도리가 없었어요. 아버지에게 고별 인사를 드리고, 그녀는 칼을 가지고 쇠난로에게로 갔어요. 도착하자마자 그녀는 쇠난로를 긁어 대기 시작하였어요. 쇠는 떨어지기 시작하여, 두 시간이 지났을 때는 이미 작은 구멍이 뚫릴 정도였어요. 그녀는 안을 들여다보았어요. 아 ! 글쎄 그녀는 늠름한 왕자를 본 것이 아니겠어요. 왕자는 너무 반짝여서, 온 영혼을 감쌀 정도로 그녀의 마음에 들었어요.

그녀는 더 긁어 내기 시작하여, 왕자가 나올 수 있을 정도로 커다란 구멍을 만들었어요. 그러자 그는 말했어요.

“당신은 나의 사람이고, 나는 당신의 사람이오. 당신은 나의 신부랍니다. 나의 신부인 당신이 나를 구원하였소. ”

그녀는 다시 한 번 아버지한테 갈 수 있도록 간청하였어요. 왕자는 허락하였어요. 그렇지만 그녀가 아버지에게 세 마디 이상은 말하지 말고 다시 와야 한다고 말하였어요. 그녀는 집으로 갔어요. 그러나 그녀는 세 마디보다 더 많이 말했어요. 바로 그 순간 쇠난로는 날카로운 칼날 같은 유리산 너머로 멀리멀리 사라졌어요. 그렇지만 왕자는 더 이상 난로에 갇혀 있지는 않았어요.

그후에 공주는 아버지와 이별하고 많지 않은 돈을 가지고 다시 숲속으로 가서 커다란 쇠난로를 찾았어요. 그렇지만 쇠난로를 발견할 수가 없었어요. 아홉 날 동안 찾아 다닌 후에 공주는 너무 배가 고파서 어쩔 줄을 몰랐어요. 왜냐하면 그녀가 먹을 만한 것이 아무것도 없었기 때문이에요.

밤이 되자 그녀는 조그만 나무 위에 걸터앉았는데, 그 위에서 밤을 보낼 생각이었어요. 야수가 두려웠기 때문이에요. 자정이 가까워 오자, 그녀는 멀리서 조그만 불빛을 보았어요.

'아! 이제 나는 구원되었구나.'
하고 그녀는 생각하고, 나무에서 내려와 불빛을 따라갔어요. 가면서 그녀는 기도를 했어요. 그녀는 조그만 오두막에 도달하였는데, 집 주위에는 많은 풀이 자라 있었고, 집 앞에는 조그만 나뭇단이 쌓여 있었어요.

'아! 난 도대체 어디에 온 것인가.'
하고 그녀는 생각하였어요. 창문 안을 들여다보았지만, 조그맣고 통통한 두꺼비 외에는 아무것도 보이지 않았어요. 그렇지만 포도주와 고기가 가득 차

려진 식탁이 보였는데, 접시와 잔은 모두 은으로
되어 있었어요. 그녀는 용기를 내어 문을 두드렸어
요. 그러자 뚱뚱한 두꺼비가 외쳤어요.

　　"푸르고 작은 처녀,
　　말라빠진 다리!
　　말라빠진 강아지!
　　왔다갔다 쪼그랑 할멈!
　　밖에 누가 있는지 빨리 보여 다오."

　그리고 나서 조그만 두꺼비가 걸어와서, 그녀에
게 문을 열어 주었어요. 그녀가 들어서자 모두들
그녀를 환영하였어요. 그녀는 앉아야 하였어요.
　"당신은 어디에서 와서 어디로 가는 겁니까?"
　그녀는 일어난 일을 모두 이야기하였어요. 그녀
는 세 마디 이상을 말하지 말라는 지시를 위반하였
기 때문에 왕자와 함께 난로가 사라져 버렸다고 말
했어요. 그녀는 그를 발견할 때까지 찾으려고 산과
들을 돌아다녔다고 말하였어요. 그러자 늙은 뚱뚱
이가 말하였어요.

　　"푸르고 작은 처녀,
　　말라빠진 다리!
　　말라빠진 강아지!
　　왔다갔다 쪼그랑 할멈!

커다란 상자를 빨리 가져와 다오."

그러자 꼬맹이가 가서 상자를 가져왔어요. 그들은 공주에게 음식을 주고 난 다음에 그녀를 예쁘게 만들어진 침대로 데리고 갔어요. 침대는 비단과 우단과 같이 부드러웠어요. 그녀는 침대에 누워 편안하게 잠잤어요.

날이 밝자, 늙은 두꺼비는 커다란 상자에서 바늘 세 개를 꺼내 그녀에게 주었어요. 그것을 가져가라는 것이었어요. 그녀에게 그것이 필요할 것이라는 것이었어요. 왜냐하면 그녀는 높은 유리산을 넘고, 예리한 세 개의 칼이 꽂혀 있는 곳을 지나, 커다란 호수를 건너야 한다는 것이었어요. 만약 그녀가 이 장애를 이겨내면, 왕자를 다시 얻게 된다는 것이었어요.

그들은 그녀에게 세 가지 물건을 주면서, 조심스럽게 보관하라고 하였어요. 세 개의 커다란 바늘과 쟁기의 바퀴, 그리고 세 개의 호두를 주었어요. 이 물건들을 가지고 그녀는 여행을 떠났어요.

그녀가 반질반질한 유리산에 도착하자, 발을 디딜 수 있도록 바늘을 꽂으면서 올라가 산을 넘었어요. 산을 넘자, 그녀는 바늘을 다시 이제까지 보관하였던 곳에 꽂아 두었어요.

그 다음에 그녀는 예리한 세 개의 칼이 꽂혀 있는 곳에 도달하였어요. 그녀는 쟁기의 바퀴 위에

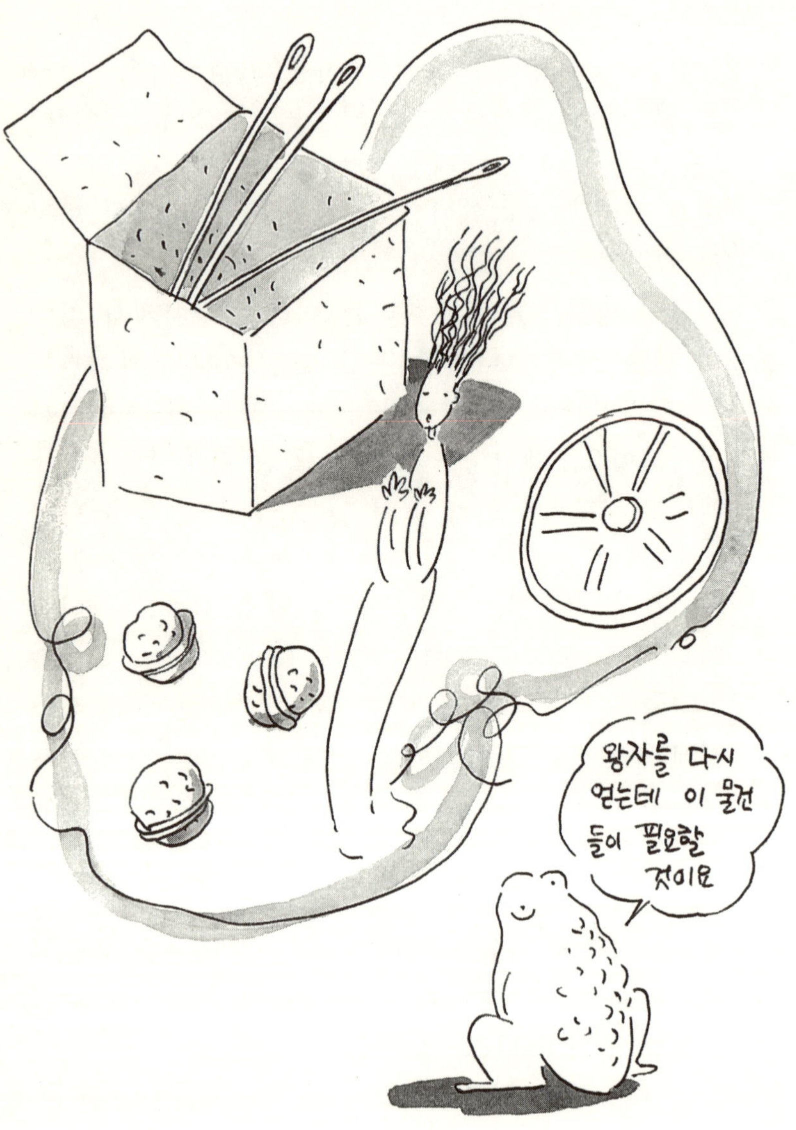
왕자를 다시
얻는데 이 물건
들이 필요할
것이요

앉아, 그것을 굴리면서 그곳을 지나갔어요. 드디어 그녀는 커다란 호수에 도달하였는데, 그곳을 건너 가자마자 아름다운 성에 도달하였어요.

그녀는 성안으로 들어가서, 일자리를 간절하게 구하였어요. 그녀는 마치 가난한 하인인 것처럼 일 자리를 얻고 싶다고 하였어요. 그렇지만 그녀는 숲 속의 쇠난로로부터 자신이 구원하였던 왕자가 성안 에 있다는 것을 알았어요.

그녀는 부엌 하녀로 고용되었어요. 그런데 왕자 는 이미 다른 공주와 결혼하려는 참이었어요. 왜냐 하면 그는 그녀가 이미 죽었다고 생각하였기 때문 이에요.

저녁에 식기를 다 닦고 났을 때 그녀는 주머니에 무엇인가 들어 있는 것을 느끼고, 곧 늙은 두꺼비 가 주었던 세 개의 호두를 발견하였어요. 하나를 깨물어 알맹이를 먹으려 하자, 이게 웬일이에요. 그 안에는 화려한 왕실복이 들어 있는 게 아니겠어 요. 신부가 이 말을 듣고 와서는 이 옷을 간청하며 사려고 하였어요.

"그것은 하녀를 위한 옷은 아닌 것 같구나."

그녀는 옷을 팔고 싶지 않다고 말하였어요. 그렇 지만 신부가 한 가지만을 허용한다면, 즉 하룻밤만 신랑의 방에서 잠자는 것을 허용한다면, 옷을 가져 도 좋다고 말하였어요. 옷이 너무나 아름답고, 또 그렇게 예쁜 옷을 자신은 가지지 못하였기 때문에

신부는 승낙하였어요. 밤이 되자 신부는 신랑에게
말하였어요.

"멍청한 하녀가 당신 방에서 자고 싶다고 하는군
요."

"당신이 좋다면, 나도 괜찮소."
하고 그는 대답하였어요. 그녀는 왕자에게 자기 전
에 마시는 술로 한 잔의 포도주를 주었어요. 그렇
게 둘은 잠자러 방으로 들어갔어요. 그러나 그는
깨울 수 없을 정도로 깊이 잠들어 버렸어요. 그렇
지만 그녀는 밤새 울면서 말하였어요.

"내가 당신을 우거진 숲속의 쇠난로로부터 구원
해 주었지요. 당신은 나를 구원하였고, 나는 당신
을 구원하였어요. 유리산을 넘고, 세 개의 예리한
칼날을 통과하고, 커다란 호수를 건너, 저주받은
성안에서 당신을 발견하였는데, 당신은 내 말을 전
혀 들으려 하지 않는군요."

하인들은 방문 앞에 앉아, 밤새 그녀가 우는 것
을 들었어요. 그리고 아침에 그것을 주인에게 말했
어요.

다음날 그녀가 식기를 다 닦고 난 다음에 그녀는
둘째 호두를 깨물어 열었어요. 그 안에는 또 아름
다운 옷이 들어 있었어요. 신부가 그것을 보고 사
려고 하였어요. 그렇지만 그녀는 돈을 바라지 않
고, 다시 한 번 신랑의 방에서 잠잘 수 있게 해주
기를 간청하였어요.

신부는 신랑에게 다시 잠잘 때 마시는 술을 주었고, 그는 너무 곤히 잠들어 버려 아무것도 들을 수 없었어요. 그러나 부엌 하녀는 밤새도록 울면서 부르짖었어요.

"내가 당신을 우거진 숲속의 쇠난로로부터 구원해 주었지요. 당신은 나를 구원하였고, 나는 당신을 구원하였어요. 유리산을 넘고, 세 개의 예리한 칼날을 통과하고, 커다란 호수를 건너, 저주받은 성안에서 당신을 발견하였는데, 당신은 내 말을 전혀 들으려 하지 않는군요."

하인들은 방문 앞에 앉아, 밤새 그녀가 우는 것을 들었어요. 그리고 아침에 그것을 주인에게 말했어요.

셋째 날 저녁 식기를 닦고 난 다음에 그녀는 마지막 호두를 깨물었어요. 그 안에는 순금이 주렁주렁 달린 예쁜 옷이 들어 있었어요. 신부가 그것을 보고, 또 가지려고 하였어요. 그렇지만 하녀는 다시 한 번 신랑의 방에서 잠잘 수 있도록 해준다면 내어 줄 수 있다고 말하였어요.

왕자는 이번에는 잠잘 때 마시는 술을 몰래 흘려 버렸어요. 그녀가 울면서 외치기 시작하였어요.

"내가 당신을 우거진 숲속의 쇠난로로부터 구원해 주었지요. 당신은 나를 구원하였고, 나는 당신을 구원하였어요."

그 때 왕자가 벌떡 일어나면서 말하였어요.

"당신은 나의 사람이고, 나는 당신의 사람이오."

그날 밤 왕자는 그녀와 함께 마차를 타고 떠났어요. 그리고 그들은 가짜 신부가 따라올 수 없도록 옷을 빼앗았어요.

그들이 커다란 호수에 도달하였을 때, 배를 타고 호수를 건넜어요. 세 개의 예리한 칼날이 박혀 있는 곳에서 그들은 쟁기 바퀴에 앉아 지나갔고, 유리산은 세 개의 바늘을 꽂아 넘었어요. 그렇게 그들은 마침내 아주 낡은 오두막에 도달하였는데, 그들이 들어서자마자 그것은 커다란 성으로 변하였어요. 두꺼비들은 모두 구원되어, 수많은 하인과 하녀로 변신하여서 온통 기쁨으로 가득 찼어요.

결혼식이 성대하게 치르어졌고, 그들은 성에 남아 있었어요. 그 성은 아버지의 성보다 훨씬 커다란 성이었어요. 그러나 늙은 아버지 왕이 혼자 있어야 하는 것을 한탄하자, 그들은 길을 떠나 그를 데리고 왔어요. 그들은 두 왕국을 거느리며 행복한 결혼 생활을 하였어요.

　그림 형제에 의해 기록된 이 동화에서 중요한 것은 한 여자와 한 남자가 서로 구원을 하고, 서로 보다 큰 자율을 획득하며 사랑한다는 점이다. 이 동화는 "동물 신랑"에 관한 동화의 범주에 속한다. 그런데 이러한 동화에서는 항상 마법에 걸린 왕자의 구원이 주제이다. 그렇지만 우리가 알 수 있듯이 이 동화에서 결혼해야 하는 대상은 동물이 아니라 난로 속의 사람이다.

　이 동화를 자율에의 길이라는 문제 설정하에서 고찰하면, 이 공주가 얼마나 어렵게 아빠로부터 떨어지는가 하는 점이 인상적으로 서술되고 있다. 따라서 여기서 중요한 것은 무엇보다도 아빠 관계에서 벗어나는 자율의 발전이다. 이 동화는 분위기상으로 꺼칠꺼칠한 동화이다. 푸른 꽃에 관한 동화에 있어 감미로운 것이 엄마 콤플렉스에 속하였다면, 꺼칠꺼칠하고 냉담한 것은 아빠 콤플렉스에 속한다.

　동화의 도입부에서는 긴 과정을 거치는 힘든 이별이 인상적으로 서술되고 있다. 이별없이는 자율에로의 발전이 가능하지 않다. 그러나 우리가 상당히 밀착되어 있다고 느끼는 곳에서는, 바로 그런 이유로 자율로 나아가야겠다는 마음이 솟구치는 곳에서는, 우리는 쉽게 헤어지지 못한다. 서로 떨어지는 이 이별의 과정에 대해 우리는 특히 주목하고자 한다.

동화는—정말 무감동적으로—미리 우리에게 정보를 주면서 시작한다. 소망이 실제로 이루어지곤 하던 시절에 나이가 든 왕자가 쇠난로 안에 갇히는 저주를 받았는데, 그곳에서 그는 수년간을 보냈지만 아무도 그를 구원할 수 없었다는 것이다. 마법으로 무엇인가 되게 하는 저주도 역시 소망의 한 형식이다. 즉 공격적이고 파괴적인 소망이다. 누가 이런 소망에 관심을 가질까?

그리고 나서 동화는 숲속에서 길을 잃은 공주의 이야기로 옮겨 간다. 공주는 아빠의 왕국으로 가는 길을 찾는 대신에 쇠난로를 발견한다. 쇠난로는 무턱대고 서약을 요구하며, 곧 그가 그녀보다 "더 위대하며" 그녀와 결혼하겠다고 천명한다. 여기서 이미 우리는 "능동적" 난로 안에는 사람이 숨어 있으며, 그 난로는 단순한 난로 이상의 것이라는 점을 예감하게 된다.

동화의 도입 상황으로 감정을 이입해 보면, 우리는 —공주와 같이— 본래 악마의 것이라고 할 수 있는 방법들을 사용하는 쇠난로에 의해 기습을 당했다고 느낀다. 쇠난로는 공주가 처한 위급한 상황을 이용하여 곧바로 서약을 요구한다. 그렇지 않으면 세계가 붕괴하도록 만들겠다고 위협한다. 쇠난로는 권력있는 남자로 나타난다. 물론 이 동화에서 권력 구조들이 상당한 역할을 한다. 공주처럼 우리는 다음과 같이 말할 수 있다. "맙소사, 쇠난로가 도대체 무슨 소용이 있단 말인가 ! ”

　왕자의 입장에 서서 생각해 보면, 그의 거친 성격은 쉽게 이해될 수 있다. 더 자세하게는 서술되지 않는 이 쇠난로는 동화 해석자의 상상 속에서 곧 불붙은 난로가 될 수 있다. 그러면 곧 지옥이 연상되며, 악마도 이에 속한다.[15] 이것은 그렇게 곁길로 빠진 이야기는 아니다. 환경 세계로부터 분리되어 우리의 운명에 영향을 미칠 수 있는 어떤 가능성도 없이 완전히 추방되어 쇠난로 안에 앉아 있다고 생각해 보면, 그것은 정말 절망적인 상태로서 거의 지옥과 다를 바 없을 것이다. 그것은 아마 다음과 같은 삶의 상황과 비교될 수 있을지 모른다. 내면적으로 모든 색깔의 감정을 다 가지고 있으며, 또 내면에 정말 불이 타고 있을지도 모르지만, 밖으로는 딱딱한 껍질만을 보여 주어 다른 사람들에게 반감을 불러일으키고, 다른 사람들이 거부감과 공격성을 느낄 정도로 차갑게 등을 돌리는 삶의 상황과 비교될 수 있다.

　쇠난로는 우리로 하여금 자연스럽게 군신의 금속, 투쟁적이고 공격적인 신의 금속인 쇠를 생각하게 만든다. 여기서 공격성은 역설적이게도 우선 무반응으로 표현된다. 어떤 사람이 특정한 상황에서 반응을 하지 않는다면, 그것은 잘 알려진 바와 같이 매우 공격적으로 작용할 것이다. 딱딱한 껍질 안에는 부드러운 알맹이가 들어 있다고 사람들은 말할 수 있다. 환경 세계는 우선 껍질에 대해 반응하는데, 여기서는 그것이 쇠이다. 동화는 또한 왕자가 마법에 걸려 있다고 말한다. 한편으로는 그가 밖으로 오직 쇠난로를 보여 줄 수밖에 없도록, 즉 딱딱하고 냉담한 것만을 보여 주도록 마법에 걸려 있을 수 있으며, 다른 한편으로는 그가 저주를 받아 삶과 관련을 맺지 못할 수도 있다. 생동감있는 삶으로부터 배제되어 감금되어 버린 것이다.

비교할 만한 유사한 동화에서는 동물 신랑들이 인간의 피부 대신에 가지고 있는 가죽을 사람들이 부러워하는 것으로 보통 시작된다. 하인들로 둘러싸여 있으며, 밤에는 늠름한 왕자가 되는 "노래하며 뜀뛰는 사자 왕자"를 예로 들 수 있다.[16] 그런데 이 동화에서는 이와 같은 말이 없다. 이 동화의 주인공은 완전히 고립되어 자기 자신 속에 사로잡혀 있으며, 따라서 구원되어야만 한다는 당위성뿐만 아니라 자신의 가치에 대해서도 전적으로 의식하고 있는 사람이다. 만약 그가 자신의 가치에 대해 회의하였다면, 그는 이미 오래 전에 죽었을 것이다.

사람들은 공주가 더 오랫동안 아버지 곁에 있을 수 있고, 아버지와 헤어지지 않아도 될 수 있도록 왕자가 쇠난로 안에 갇혀 있어야만 하는 것은 아닌가 하고 자문해 볼 수 있다. 아버지가 매우 매력적이라면, 다른 남자들은 접근할 수 없을 것이다. 동화는 그를 저주한 마녀에 관해 분명히 말하고 있다. 그렇다면 이 상황에서 저주받은 것은 무엇인가? 그 남자가 자신을 철갑으로 둘렀다는 것인가? 아니면 여자가 자신의 아버지로부터 떠나지 않으려 한다는 것인가? 아니면 여자 자신이 가지고 있는 남성적 성격을 살려서는 안 된다는 것인가?

그런데 아버지와 공주의 첫번째 이별이 이미 실행되었다. 그녀는 숲속에서 길을 잃은 것이다. 그녀는 의식적으로 결단하여 아버지와 헤어진 것이 아니라 우연

116

하게 헤어진 것이다. 그러나 이 이별은 그녀에게 결코 새로운 목표를 가져다 주지 않는다. 그녀는 숲속을 헤매고 다닌다. 어떤 결단도 뒷받침해 주지 않기 때문에 그녀는 방황하고 있는 것이다. 그녀 자신은 아무런 관점도, 또 아무런 길도 없다. 그리고 그녀는 이 신비로운 난로를 만나며, 매우 기이하게 포장된 남자를 만난다. 그녀가 아버지로부터 떠나면, 어둡고 앞을 보기 어렵지만 생명이 자라나고 동물들이 머물고 있는 숲속의 어느 장소에 도달하게 된다. 그녀는 자연적 성장이 이루어지는 장소에 오게 되지만, 그곳에는 길이 없는 까닭에 곧 이성적으로 전망하는 게 불가능하게 된다. 여기서는 사람의 본능적인 직관만이 도움이 된다. 이 공주가 아버지를 떠나자마자, 그녀는 길을 잃게 되며, 길이 어디로 이어지는지 더 이상 알지 못한다.

아버지 곁에 머문다는 것은 아주 현실적으로 다음의 사실을 의미할 수 있다. 즉 이 젊은 처녀가 아버지로부터 떨어질 수 없으며, 아버지가 그녀 대신에 모든 결정들을 내리곤 한다는 것을 뜻하는데, 이러한 사실은 그녀가 집에 되돌아왔을 때 드러난다. 그들은 방앗간집 딸을 보낼 것인지 아니면 돼지 목장집 딸을 난로에게 보낼 것인지를 서로 상의한다. 만약 아버지가 권위적으로 결정을 내린다면, 딸은 자신의 삶에 대해 어떤 책임도 지지 않고, 아버지에게 전적으로 내맡기는 것이다. 그녀는 여전히 어린아이로 남게 된다. 물론 아버지는 상징적 아버지로 이해될 수도 있다. 즉 아버지와 아버지들에 관한 모든 상징들 말이다. 통상적이고 집단적인 세계관 속에서 우리가 마주치게 되는 온갖 생활관, 행동 규칙, 정신적 내용 등등에 관한 상징

방앗간집 딸을 난로에게 보냅시다.
돼지 목장집 딸은 어떨지…
공주
??
?
??
자율의 과정
아버지로 부터 실질적인 분리
아버지와 전통적 가치에 의존

이다. 개인적 가치와 태도를 선택함에 있어 공주는 아
버지의 태도에 의존하고 있는 것이 확실하다. 이 점에
있어서도 모든 삶은 자율의 행보를 취해야 한다. 전래
된 가치와 태도에 의존하는 한, 우리는 어느 정도 안
전하다고 생각할 수 있다. 그러나 우리는 실제로 자율
적이지는 않다. 왜냐하면 이 전통 가치들은 자신의 고
유한 인격에 대해 타당성을 가지는 가치들과 일치해야
만 하기 때문이다. 따라서 이 가치와 태도들은 검증되
어야만 한다. 사람들은 이러한 가치들이 타당성을 가
지는 상황들을 일단 떠남으로써 대개 이 가치들에 대
한 재검사를 시행한다.

공주가 자율로 나아가는 과정에서 우리는 대체로 두
가지 관점을 주시해야 한다. 한편으로는 아버지로부터
의 실질적인 분리와 이로 인한 배우자와의 결합 가능
성을 주시해야 하며, 다른 한편으로는 아버지와 부성
(夫性)에 의해 각인된 가치들로부터 벗어날 때 발생하
는 문제점을 주시해야 한다.

부성이 종종 안전을 의미할 뿐만 아니라 구속을 의
미하기도 하기 때문에 — 구속은 우리에게 주어지는 안
전의 다른 측면이다 — 분리의 행보는 우리가 불안정을
견뎌 내야만 한다는 것을 뜻한다. 이 불안정이 여기서
는 숲속에서 방향을 잃은 것으로 표현되고 있다. 보다
큰 자율의 방향으로 나아가는 모든 걸음에 근본적으로
속해 있는 것은 우리가 결합과 안정, 그리고 구속을
떠나 불확실성 속에, 불안을 수반하는 방향 상실에 빠
지게 된다는 점이다. 어떤 사람은 불안정과 예측할 수
없는 불투명한 상황과 잘 타협한다. 특히 지금의 삶이
나에게 무엇을 요구하는가 하는 호기심과 결합되어 있

을 때에는 특히 잘 견뎌 낸다. 반면 어떤 사람은 이러한 상황을 쉽게 참아 내지 못한다. 따라서 위기 극복 능력은 무엇보다도 더 이상 어떻게 해야 할지 모르는 불안한 상황에 처했던 경험을 얼마나 많이 가지고 있는가에 따라 다르다. 즉 어떻게 해서든 다시 헤쳐 나갈 수 있다는 것을 배웠는가 아닌가의 결과이다.

공주는 이러한 사실을 아직 배우지 못했다. 그녀는 곧 길을 잃고 방황하며, 곤궁으로부터 구해 줄 구원자는 그녀에게 분명한 지시를 하는 쇠난로이다. 그녀는 이 지시를 순순히 받아들인다. 여기서 공주가 아버지 콤플렉스에 의해 각인되어 있음이 분명해진다. 묻지도 비난하지도 않고 그녀는 지시를 수용한다. 물론 그녀는 이 쇠난로가 무슨 소용이 있겠는가 하고 자문한다. 그렇지만 아버지에게 되돌아갈 수 있다면 그녀는 쇠난로와 결혼할 각오가 되어 있는 것이다. 이것이 정말 결혼을 옹호하는 논증인가!

물론 양자는 여기서 서로를 이용한다. 쇠난로는 자신이 구원되기 위하여 여자를 원하며, 공주는 아버지에게 되돌아갈 수 있기 위하여 남자를 받아들인다. 동화에서는 사람이 다른 사람에게 있는 그대로 받아들여진다는 것이 구원될 수 있는 전제 조건이다. 물론 이 수용이 결코 기분좋은 것이 아닐 수도 있다. 어떤 사람을 인정하는 사람이 있다는 것으로 족하다.

공주는 다시 아버지에게 가기 위하여, 예전의 상태를 복구하기 위하여 온갖 수단을 수용한다. 그것은 자신의 새로운 측면을 개발할 수 있는 유일한 기회임에도 불구하고 세상의 미개척 영역으로 나가지 않으려 발버둥치는 것과 같다. 물론 이 장면을 우리는 상징적으로 이해할 수 있다. 그녀는 다시 아버지를 갖기 위하여 결혼한다. 그녀는 아버지로부터 그녀에게서 아버지를 대신하는 아버지 같은 남편에게로 옮겨 간다. 그것은 실제로 아버지로부터 벗어나지 못한 여자들에게서 종종 발견되는 정황이다. 남편은 이제까지 아버지가 차지하고 있던 자리를 정말 충족시킬 수 있다. 상징적으로 말하면 이렇다. 아버지와 아버지들의 견해로부터 벗어날 수 없는 사람은 다시 남편에게서 견해, 가치, 태도를 지시받을 수 있다. 그렇게 되면 다음과 같이 말한다. "내 남편이 말하길…… 내 남편 생각은…… 내 남편은 이러저러하게 파악한다." 그렇게 되면 사람들은 부인 자신이 생각하고 또 느끼는 것은 무엇인가 하고 조금은 짜증스럽게 자문하게 된다.

그런데 동화에서 공주는 난로에게 결혼하겠다고 약속하는데, 이는 아버지에게서 떠나 그와 함께 가겠다는 약속을 하는 것이다. 그렇지만 곧 그러겠다는 것은 아니다.

모든 분리는 특정한 표본에 따라 이루어진다. 처음에 사람들은 의식적이건 아니면 우연히건간에 헤어지지만, 다음에는 다시 한 번 재접근이 일어난다. 분리 대신에 대개는 더욱 확고한 결합이 이루어지는데, 이는 첫번째 분리가 이미 야기하였던 갈등들이 첨예화하는 결과를 초래한다. 그리고 난 다음에 사람들은 대개는 더욱 분명한 의식을 가지고 헤어지게 된다.

이 동화는 재접근을 훌륭하게 서술하고 있다. 이 과정에서 분리는 공주에게뿐만 아니라 왕에게도 마찬가지로 어렵다. "늙은 왕은 너무 놀라서 거의 졸도할 뻔하였어요. 왜냐하면 그녀는 그에게 외동딸이었으니까요." 동화는 아마 부인이 없는 것으로 보이는—물론 이에 관해서는 아무런 말이 없다—사랑하는 아빠와 ·딸 사이의 분리 상황을 사실적으로 서술하고 있다. 둘 사이에 아주 깊은 애정 관계가 존립하고 있다는 것은 분명하다. 왕은 공주를 옆에 두고 싶어한다. 왕은 공주가 갈등의 상황으로부터 벗어날 수 있도록 도와줌으로써 재접근을 시도한다. 그리고 이를 위해서는 두 사람에게 모든 수단이—적어도 그렇게 보이는데—정당화된다.

분리는 양자 중 일방에 의해서만 실행되고, 일방적으로만 고통을 당하는 것은 아니다. 그것은 항상 쌍방에 의해 체험되는 것이다. 성장한 아이들이 부모에게서 떨어지는 분리는 젊은이와 부모 모두에게 문제가 된다. 그것은 쌍방에 대한 새로운 자율의 요청이다. 분리는 물론 헤어지는 쌍방에 의해 그들이 처해 있는 상황에 따라 서로 다르게 체험된다. 성장한 젊은이에게 세계와 삶은 열려 있다. 젊은이들은 적어도 이렇게 상상할 수 있는 반면, 부모들은 노화의 단계에 대비하고, 젊은이들이 집안에 불어넣을 수 있는 자극을 포기해야만 한다. 젊은이들은 물론 새로운 배우자 관계 속에서 자신을 새로이 정리하고 확립할 수 있는 기회를 얻게 된다. 따라서 분리는 "뒤처진" 사람들에게는 대체로 쉽게 극복되지 않는다. 그렇지만 분리의 고통은 쌍방 모두 체험한다. 안정과 습관의 상실이 두려워 쌍방은 대체로 분리를 회피하고자 한다.

공주는 우선 세상으로 나가고자 하는 걸음을 억제하려고 한다. 그녀가 비록 무엇인가를 약속하였지만, 그녀는 이 약속을 지키지 않으려고 한다. 그녀는 자신의 약속에 대한 책임을 지려고 하지 않는 것이다. 그리고 아버지는 이를 돕는다. 그에게도 약속을 지키는 것보다 예전 상태가 그대로 보존되는 것이 더욱 중요하다. 이 약속은 동화 "개구리 왕자"에서 행하는 왕의 행동과 분명히 대립을 이룬다. [17] 개구리 왕자의 왕은 공주에게 "사람은 약속을 지켜야 한다"고 분명히 말한다. 즉 왕은 공주를 무조건 데리고 있으려 하지 않는다. 그런데 이 동화의 왕은 반대로 공주를 데리고 있으려 한다.

이 동화에서 우리는 본래 긍정적이었던 강력한 아버지 결합이 서술되어 있는 것을 발견한다. 그렇지만 필연적인 발전의 행보를 취할 수 없기 때문에 이 결합은 이제 파괴적 영향을 미치기 시작한다. 공주는 자기 책임 앞에서 슬그머니 도망을 간다. 물론 그녀는 상처를 주고 싶지 않은 아버지에 의해 타율적이다. 두 사람의 생각은 쇠난로에게 중요한 것은 단지 아름다운 부인일 것이라는 점으로 모아진다. 방앗간집 딸도 예쁘고, 돼지 목장집 딸도 예쁘다는 것이다! 쇠난로가 공주를 부인으로 생각하는 것이 아니라, "어떤 부인"이라도 목적을 충족시킬 수 있다고 그들은 간주한다. 이것은 아버지에게 애착을 느끼는 많은 딸들의 생각과 비교될 수 있다. 이들은 젊은 청년들에게 중요한 것은 남에게 보일 수 있는, 물론 언제나 교체될 수 있는 여자일 것이라고 일반적으로 생각한다. 아버지에게 중요한 것은 그렇지만 그녀 자신이다. 이는 아버지 곁에 머물러야 할 또 하나의 이유이다.

그러나 쇠난로 속에 있는 남자는 그녀 자신을 갖고 싶다고 고집한다. 이로써 그는 그녀가 교체될 수 없으

며, 자신의 특정한 길을 걸음에 있어 다른 사람으로
하여금 대신하도록 할 수 없다는 점을 밝히고 있다.
삶의 과제들은 위임될 수 있는 것이 아니다. 다른 사
람에게 위임될 수 없으며, 우리가 이 장면을 주체적
차원에서 이해한다면 우리 인격의 한 부분에게 위임할
수 있는 것도 아니다. 우리는 그러한 과제에 완전히
몰두해야 하며, 진정한 방식으로 그것에 접근해야 한
다. 즉 우리의 전인격을 이 과제를 위해 투입해야만
하는 것이다.

이러한 점은 동화에서, 방앗간집 딸도 돼지 목장집
딸도 이 난로에 구멍을 뚫어서 쇠난로 뒤에 숨겨져 있
는 것을 찾아내는 데 성공하지 못한다는 사실에서 나
타난다. 공주가 스스로 자신의 약속을 지키며, 새로운
삶의 상황에 대비하겠다고 결단을 내려야만, 새로운
삶의 상황에 숨겨진 모습이 그녀에게 나타난다. 우리
는 물론 이 난로를 연금술적인 용기로 파악할 수 있
다. 즉 새로운 상황이 무르익는 그릇으로 파악할 수
있다.

그녀는 자신의 마음에 꼭 드는 왕자를 보게 된다.
그녀는 "반짝이는" 사람을 본다. 그는 빛을 발하는 것
이다. 그것은 아마 그녀가 갑자기 매혹되었다는 사실
에 대한 상징이다. 그것은 또한, 그에게 맞는 올바른
짝이 그의 쇠 같은 표면과 딱딱한 껍질을 닦고 다듬어
야만 나타나는 광채에 대한 상징이기도 하다. 이제 그
녀는 그에게 끌린다. 그는 그녀에게 고백을 하고, 동
시에 어느 정도 남성적 압운을 띤 말로 그녀를 압도한
다. "당신은 나의 사람이고, 나는 당신의 사람이오.
당신은 나의 신부랍니다."

왕자에 대한 접근이 실행되었다. 그는 그녀의 마음에 들고, 그녀가 아버지를 떠나 이 왕자와 함께 세상으로 나아갈 기회가 주어진 것이다. 그렇지만 그녀는 다시 한 번 흠칫 물러선다. 분리의 행보가 아직 실행될 수 없는 것이다. 다른 말로 표현하면, 그녀가 감정적으로 아버지에게서 얼마만큼 멀어지는 순간 그녀가 떠나고자 하는 상황에 대한 향수가 그녀를 압도한다. 다시 한 번 그녀는 집으로 가야만 하는 것이다.

왕자는 그것을 허락한다. 그렇지만 단 세 마디만 허락한다. 이 돌아감은 무엇보다도, 내면적으로 분리를 더 잘 실행하기 위하여 떠나야 할 대상과 다시 한 번 접촉을 한다는 의미를 가지고 있다. 근본적으로 왕자는 그녀에게 이별할 것을 허용하는 것이다. 그러나 그녀는 "남아 있게" 된다. 그녀는 아버지와 너무 많은 말을 한 것이다. 그녀는 복종하지 말아야 하고, 이 불복종이 결정의 상황을 첨예화시켜야 하는가? 지금 그녀는 정말 결정해야 한다. 세상으로 나가는—매우 불확정한—길과 아버지 곁에 머무르는 길 중에서 결정해야 한다. 쇠난로가 갑자기 자리를 옮겨 미지의 곳으로 멀어졌다는 사실을 통해 공주는 분명한 결정을 요청받는다. 그녀는 탐색의 길을 결정한다. 그녀는 자신의 왕자를 찾아 나선다. 그녀는 어디에서 찾아야 할지를 모르면서 탐색을 목표로 한다. 그를 찾는 것이 그녀에게 매우 중요함에 틀림없다. 아마 그녀는 자신에게 책임이 있다고 느낄 것이다.

물론 여기서 자율과 관련된 새로운 물음이 제기된다. 우리가 죄책감에서 무엇을 추구하면, 우리는 자율적이 되는가? 그렇다면 우리는 여전히 아버지 콤플렉

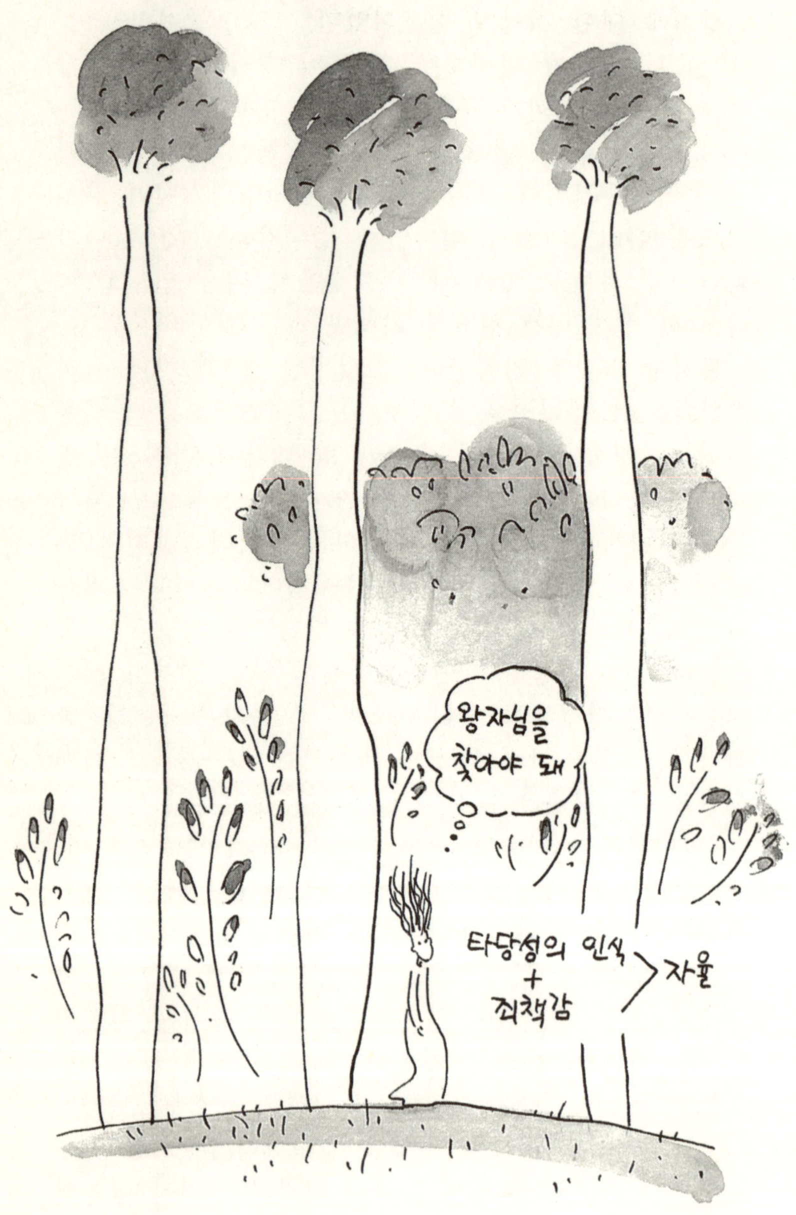

왕자님을 찾아야 돼
타당성의 인식 + 죄책감 > 자율

스와 이로 인해 각인된 규범과 명령들과 밀접하게 결합된 초자아의 엄격한 규율하에 있는 것은 아닌가?

공주의 발전 과정에서 분명해지는 것은 자율이 항상 상대적일 수 있다는 점이다. 지금 그녀는 아버지로 인해, 즉 아버지에 대한 죄책감으로 인해 더 이상 타율적이지는 않지만, 그 대신 아마 왕자에 대한 죄책감을 가지고 있을 것이다. 사랑 때문만으로 그녀가 왕자를 찾아 나서는 것은 아니다. 한편으로는 나름대로 타당하고, 다른 한편으로는 발전에 기여하는 죄책감이 같이 작용하고 있다. 책임이 있으며, 또 책임을 질 수 있다는 감정을 통해 우리는 자율적일 수 있으며 또 자율적이어야 하는 인간으로 증명된다.

이제부터 동화는 같은 유형의 다른 동화들과 비교해 볼 때 비교적 빠른 속도로 진행된다. 왕자를 찾고, 아버지를 떠나야겠다는 공주의 결단이 이 동화에서 정말 중요한 역할을 하고 있다는 인상, 그리고 이제부터는 탐색이 더 이상 그렇게 절망적으로 이루어지지 않을 것이라는 인상을 얻게 된다.

그녀의 행동에 있어 무엇인가가 변화하였다는 점, 즉 자율의 성장을 확인할 수 있다는 점이 그녀가 다시 아흐레 동안 숲속을 헤매고 난 다음에 더 이상 도움을 기다리지 않고 스스로 나무 위에 올라간다는 사실에서 잘 나타난다. 비록 야수들에 대한 불안에서 나무 위로 올라갔다고 추정할 수 있지만, 그녀는 그 위에서 방향을 잡을 수 있으며, 오랫동안 방황하고 난 다음에, 단어의 진정한 의미에서, 어둠 속에서 빛을 발견할 수 있기 때문이다. 그런데 그녀가 숲속에서 먹거리를 발견하지 못한다는 점이 눈에 띈다. 그녀는 숲이 제공하는 음식을 채취할 수 없는 것이다. 그녀는 자연을 잘 알지 못하고 있음이 분명하다. 만약 그녀가 아버지에게 연연하는 딸이라면, 그녀는 자연적인 것의 세계와 접촉해야 한다. 동화의 초반부에 그녀는 이미 숲속에서 방향을 잡을 수가 없었다. 여기서 우리는 어머니의 영역에서 나타나는 문제점들에 대한 암시를 발견한다.

젊은 부인이 아버지의 영향을 지나치게 받고 있다면, 그녀는 엄마가 어떤 사람이건간에 엄마하고는 덜 밀착되어 있을 것이다. 어머니들의 세계 또는 여성의 세계는 자극적인 것으로 느껴지지 않고, 발전 과정에서 비로소 발견되어야만 한다.

그래서 아버지로부터 영향을 많이 받고 자랐으며, 후에 아버지의 공장을 물려받아 경영하는 어떤 부인은 —그녀 자신이 표현한 바대로— "아버지가 생각한 것을 생각하였다"고 말한 적이 있다. 그녀는 스물여섯이 되어서야 비로소 엄마가 있다는 사실과 또 엄마가 이제까지 생각하였던 것과는 달리 지루하지 않다는 사실을 발견하였다는 것이다. 그녀는 엄마에게 관심을 가지기 시작하였고, 또 그녀가 어떤 점에서 엄마를 닮았는가 하고 관찰하기 시작하였다. 이 동화의 공주도 역시 엄마의 영역과 부딪쳐야만 한다.

숲속에서 새롭게 방황하는 시간이 지난 다음에 빛이 보인다. 그녀는 처음으로 방향 감각을 갖게 된다. 그녀는 초록의 덤불이 우거진 조그만 오두막에 도달하게 된다.

여기서 눈에 띄는 점은 한편으로 작다는 성격과 다른 한편으로는 초록의 강조이다. 초록은 성장과 생성의 색깔이다. 그것은 가속화할 수도 없고, 또 저지할 수도 없는 자연적 리듬을 따르는 생성의 색깔이다. 싹이 돋아 초록이 되기 위해서는 단지 극히 적은 빛만을 필요로 한다는 점을 생각해 볼 수 있다. 따라서 초록은 우리가 새로운 생성의 희망의 분위기를 연상하는 색깔이다.[18] 이 동화에서는 구원이 이중적으로 예고되고 있다. 공주는 방향점을 발견하였다. 그녀는 더 이상 혼자가 아니며 방황하지도 않는다. 이 오두막은 푸른 들판에 서 있다. 그것은 더 이상 우거진 숲속에 서 있지 않다. 오두막은 초록색으로 인해 새로운 성장 가능성의 영역에 속해 있다고 여겨진다.

이 오두막에는 작고 통통한 두꺼비들이 살고 있는데, 이들은 아주 잘 차려진 상에 앉아 있다. 여기서 공주는 대접을 받고, 먹을 것을 얻는다. 또한 탐색의 여행에 필요한 지시 사항도 얻게 된다. 여기서 두꺼비들은 어머니 자연의 구현처럼 작용을 한다. 두꺼비들은 유사한 다른 동화들에 등장하는 현명한 늙은 부인들을 대체한다. 또한 태양과 달과 별을 상징하기도 한다.

어머니 대지의 동물적 현상인 두꺼비들은 여기서는 긍정적 측면으로 나타난다. 어머니 자연은 공주가 필요한 것을 그녀에게 제공한다. 다른 말로 표현하면 정말 자율에로 발전할 수 있기 위해서는, 그리고 정말 탐색의 길을 떠날 수 있기 위해서는, 그녀가 어머니와 같은 안식처에서 머무를 필요가 있다는 것이다. 그녀는 보호의 안식처에 자신을 맡길 수 있어야만 한다. 그것도 역시 자율에로 이르는 길에 있어서 필연적인 점이다. 동화의 주인공이 자율적으로 세상으로 박차고 나가는 것이 중요한 게 아니다. 그들은 항상 자신들이 보호받아 안식할 수 있는 장소, 즉 돌아갈 수 있는 회귀의 장소를 필요로 한다. 인간의 발전에 있어 중요한 것은 자율만이 아니다. 문제가 되는 것은 오히려 자율과 안식의 양극성이다. 그러나 이러한 안식은 종종 의존과 종속 관계로 변질되기도 한다.

동화에서 공주는 스스럼없이 두꺼비들에게 도움을 받는다. 이런 이야기를 들으면, 사람들은 그것이 세상에서 가장 정상적이라는 인상을 받게 된다. 그러나 그렇지 않다. 이 동화의 상징들에 대해 자기 자신의 느낌을 말해 줄 것을 부탁받았던 사람들 중에는 두꺼비를 무서워하며 소름끼쳐 하고, 두꺼비로부터는 어떤 도움도 받지 않았을 것이며, 또 두꺼비가 도움이 될 수 있다는 것을 결코 믿지 않는 몇몇 사람들이 포함되어 있었다. 도움을 주는 이 두꺼비들을 통해 표현되고 있는 것은—사람들이 마음을 열고 도움을 받아들인다면—자신이 경멸하는 것으로부터도 도움이 올 수 있다는 점이다. 많은 동화들이 우리에게 이러한 지혜를 가르치려고 한다. 오로지 커다란 사건만이 위기에 처해 있는 삶에 전기를 마련할 수 있다는 널리 퍼져 있는 확신을 이 동화는 상대화시킨다. 이 대전환의 계기는 잘 알려진 바와 같이 드물게 등장한다. 오히려 우리가 이제까지 간과하였던 것을 볼 줄 알고, 삶이 우리에게 가져다 주는 것을 받아들일 줄 알 때 비로소 변화가 이루어진다.

공주가 물론 완전한 절망에 빠져, 그것이 어디에서 오든간에, 모든 원조를 받아들이고 신뢰하는 태도가 바로 상황을 변화시키는 것이다.

"푸르고 작은 처녀……"라는 각운을—이 각운에서

다시 한 번 초록색이 강조되고 있다―우리는 "세 개의 깃털"이라는 동화에서 잘 알고 있다. 마리 루이즈 폰 프란츠는 "요정 이야기의 해석"에서 이 동화를 상세하게 해석하고 있다.[19] 그곳에서는 막내의 깃털이 그가 필요한 것을 무엇이든지 제공하는 두꺼비가 있는 땅속으로 들어가는 입구에 떨어진다. 그도 역시 두꺼비의 능력에 대한 순진한 신뢰로 가득 차 있다. 그러나 그것은―동화의 서술에 따르면―이 지하 세계의 존재에 대처할 수 있는 올바른 태도이다. 즉 그들이 도울 줄 안다는 사실에 대한 신뢰가 그것이다.

그런데 동화 연구자들은, 동화의 이 대목에서 이 동화를 이야기하였던 카셀 지방의 가축을 돌보는 하인이 착각을 하여, "쇠난로"와 "세 개의 깃털"을 서로 결합시켰다는 견해를 가지고 있다.[20] 물론 그렇게 생각할 수 있다. 이런 종류의 동화에서 소녀는 해와 달과 바람으로 여행을 해야 하는데, 처음에는 위협적으로 작용하지만 이들은 그때마다 좋은 어머니와 같은 인물로 드러난다. 여기서 중요한 것은 키다란 위험에 직면해 있는 주인공이 도움을 찾고, 그것을 발견하고 수용할 수 있다는 점이다. 또한 여기서 문제되는 것은 그녀가 휴식할 수 있고, 안전할 수 있다는 점이다. 그녀는 바로 두꺼비에게서 안식할 수 있다.

가축을 돌보는 하녀가 착각을 하였다고 할지라도, 내 견해에 의하면 그녀는 일관성있게 착각을 한 것이다. 이 공주는 아버지의 세계에서 성장하였던 만큼 경직된 것과 결합되어 있다. 그렇게 어려웠던 분리 과정을 생각하고, 쇠난로의 쇠외투를 생각하면, 그녀는 무조건적으로 한 번쯤은 "반대 세계"에서 살아야 한다.

즉 자연적인 것을 손으로 느낄 수 있는 두꺼비에게서 살아야 하는 것이다.

예전에는 배제되었던 요소들이 다시 삶 안으로 들어갈 수 있는 창조적 휴식의 이 단계는 분리 과정에 있어서 중요한 단계이다. 결정적인 분리는 이미 실행되었다. 예전의 방향 설정은 대부분 효력이 없어졌으며, 새로운 목표는 아직 설정되지 않았다. 사람들은 방향 감각을 상실하였다고 느낀다. 동화는 이를 "방황한다"고 말하고 있다. 사람들은 아무런 결과없이 찾고 있는 것이다. 의식적인 의지의 노력은 바로 사람들이 이제 운명의 손짓에 의존해 있고, 좋은 생각, 구원의 착상에 의존해 있다는 사실을 알 때까지만 제 힘을 발휘한다. 이 단계는 대체로 자기 자신에로의 후퇴와 결합되어 있다. 사람들은 이렇게 자신을 돌보며, 자신을 더 커다란 전체적 연관 속에서 생각하며, 그것으로부터 무엇이 생성될지를 기다린다. 잠자고 먹는다는 것은 이에 대한 좋은 상징이다. 공주가 자신의 문제와 목표를 서술하는 것도 반드시 여기에 포함된다.

두꺼비에게서 머무르는 이 단계는 우리가 창조적 과정과 근본적으로 모든 변화의 과정에서 알고 있는 "포란기 단계"와 비슷하다. 사람이 오랫동안 충분히 그 문제와 씨름하고 그것을 스스로 서술할 수 있게 되면, 그것은 무의식 속에서 저절로 해결된다. 이 단계에는 도움에 대한 신뢰가 중요하다. 여기서는 공주가 떠나온 아버지 세계와 대립하는 것으로서, 어머니 같은 근원을 상징하는 두꺼비에 대한 신뢰가 필연적이다. 본래 긍정적인 아버지 애착 관계로부터 벗어나는 여자의 발전 과정에서 그것은 그녀가 아버지 세계를 극복하고 방향 감각을 상실하였다고 느끼면서 어머니 세계와 접촉하는 단계이다. 실제의 엄마에 의해 각인된 세계와의 접촉이라기보다는 오히려 원형적 모성과의 접촉이라고 할 수 있다.

그녀는 자신이 자연의 일부분이며, 자연이 우리를 떠받치고 있다는 사실을 체험하고, 그녀가 자연의 리듬에 예속되어 있다는 사실을 체험할 것이다. 예를 들면 예전에는 아마 지성적으로 냉철하게 삶에 접근하였던 부인이 이러한 상황에서는 아마 자연과 자연적인 것을 얻고자 노력할 것이다. 그녀는 게다가 광신적이 될 수도 있다. 즉 오로지 자연적으로 존재하고 자연적으로 살고자 할지도 모른다. 이러한 광신을 통해 여전히 아버지 콤플렉스가 보여진다. 그녀가 갑자기 예감, 직관, 꿈들에 몰두할 수도 있으며, 또 깊은 내면으로부터 성장하는 것, 즉 사람들이 "만드는" 것이 아니라 오직 소망하고 기다릴 수밖에 없는 것에 몰두할 수 있다.

자율에 이르는 길에서 사람들은 언제 자신의 자율을 주장해야 하며, 언제 책임을 실제로 떠맡아야 하는지를 결정해야 한다. 또 자연과 운명이 자신에게서 무엇인가 자라도록 할 것이라고 신뢰하면서 기다려야 할 시기가 언제인지 결정해야 한다.

자기 책임성, 책임의 수용, 내면에 대한 몰두 사이의 균형잡힌 리듬이 성공적 길의 비밀인 것처럼 보인다. 인간은 자율 추구에 있어서 한편으로는 의식적 결정의 필연성과 다른 한편으로는 내면으로부터의 도움, 착상, 직관에 대한 의존에 묶여 있다. 관계의 영역에 있어서 그것은 한편으로는 자아 존재와 자아 형성의 필연성과 다른 한편으로는 의존의 불가피성에 묶여 있다는 사실과 일치한다.

두꺼비는 공주를 왕자로부터 떼어놓는 것이 무엇인지, 그리고 그녀가 왕자에게 가기 위해 극복해야 할 것이 무엇인지를 분명하게 말한다. 그리고 두꺼비는 그녀에게 그렇게 할 수 있는 수단도 알려 준다. 푸른 들판에 있는 오두막에서의 체류는 그녀에게 무엇이 왕자에게서 그녀를 떼어놓고 있는지, 그를 어디에서 찾을 수 있는지, 또 무엇을 해야 하는지에 관한 예감을 제시한다. 그녀는 적어도 어느 정도는 방향을 잡을 수 있다. 즉 어떻게 문제를 처리해야 하고, 또 할 수 있는가를 알고 있는 것이다.

왕자와 공주 사이에 쌓여 있는 장애물들은 강도높은 아버지 애착의 맥락에서 파악될 수 있다. 이 장애물들은 아버지 애착이 배우자 관계에 미칠 수 있는 영향을 보여 줄 수 있다. 공주는 이 문제들에 대처할 수 있는 법을 배워야만 한다. 그것은 자율화의 한 양상이다.

우리는 손을 잡을 수 없을 정도로 미끄러운 유리산을 다른 사람에게서 자신을 고립시키려는 가능성으로 파악할 수 있다. 왜냐하면 접촉하고자 하는 사람들의 모든 시도는 단지 미끄러져 실패할 뿐이기 때문이다. 유리산은 어떤 의미에서는 쇠난로와 유사하다. 유리산은 타자에 대한 극단적 차단을 표현할 수 있다. 그것은 매우 완벽하고 예술적인 태도에서 표현될 수 있는 비인간적인 냉담과 결합되어 있는데, 바로 그렇기 때문에 다른 사람으로부터 고립되는 결과를 초래한다. 두꺼비의 — 두꺼비의 미끄러움은 땅과 결합되어 있다는 점에서 전혀 다른 미끄러움이다 — 바늘을 가지고

타인과의 고립되는
결과를 극복

유리산

타자에 대한
극단적 차단

이 태도는 한 걸음 한 걸음, 우리가 그 모습을 느낄 수 있다면, 힘들게 극복될 수 있다. 공주는 스스로 이 유리산을 등반해야 한다. 그리고 이 유리산을 한 걸음 한 걸음 탐색해야 한다.

이 "유리산 심리학"은 강렬하게 아버지와 부성의 원리에 묶여 있으며, 모성과 결합되어 있지 않은 젊은 여자들에게 전형적이다. 물론 이것은 어쩔 수 없는 당연한 결과이다. 왜냐하면 아버지가 매우 중요한 지위를 차지하고 있다면, 엄마는 동등하게 중요할 수가 없기 때문이다. 젊은 여자들은 그들이 어디에서 자신의 유리산을 쌓고 있는지를 알기 위해서는 우선 땅과 같은 여성성과 접촉해야만 한다. 이 관계에 대한 향수를 통해 그들은 비로소 이 유리산을 한 걸음 한 걸음 극복할 수 있게 된다. 그런데 이 유리산들이 단숨에 극복될 수 있는 것은 결코 아니다. 이 산을 언제나 잘 극복할 수 있도록 공주는 바늘을 잘 간직한다.

그런데 공주는 예리한 칼날을 조심해야 한다. 예리한 칼날을 우리는 날카로운 말과 연관지을 수 있다. 아마 그녀가 전개할 수 있는 논증과도 연관지을 수 있는데, 이 논증에 의해 그녀 자신이 위협을 받을 수도 있다. 이 예리한 칼날을 그녀는 쟁기의 바퀴를 타고 지나가야 한다. 그녀는 간단히 이 칼들을 무시하고 지나가야 하는 것이다. 사람들이 무엇을 상상하든간에 바퀴를 타고 지나가야 하는 것이다. 바퀴는 전체성, 둥근 것, 항상 회전하고 있는 것, 대립을 결합시키는 것에 대한 상징이다. 다른 한편으로 칼들은 분리를 담당하고 있다. 차단과 분리를 정확하고 예리하게 실행하고자 하는 마음이 들 때면 언제나 그녀는 우선 쟁기의 바퀴를 기억해야만 한다. 즉 사물들을 파괴하지 않고 상호 연관된 연속적 측면에서 파악할 수 있는 가능성을 상기해야만 하는 것이다. 그렇게 함으로써만 공격성은 건설적이 될 수 있다. 이렇게 "자신을 굴려 넘어간다"는 것과 쟁기의 바퀴를 신뢰한다는 것에는 중력 법칙에 대한 인정이 같이 표현되고 있다. 즉 칼을 가지고 능동적으로 포착하는 것과는 반대로 중력에 자신을 내맡기는 것이 표현되어 있다.

관계에 대한 강한 향수가 공주로 하여금 이러한 장애물과의 대결을 감행하게 한다. 그녀는 자신의 왕자를 다시 가지고자 한다. 그가 실제적인 남자로 상상되건 아니면 그녀를 매혹시키는 그리고 그녀 자신이 가지고 있는 남성적 측면이건간에 관계없이, 그녀는 어쨌든 그녀를 너무 매혹시켜 이제까지의 생활 상황으로부터 벗어나게 하였던 것에 대한 향수를 감지한다.

두 사람을 갈라놓고 있는 강은 얼마나 많은 장애물들이 두 사람 사이에 놓여 있는가를 보여 준다. 그렇지만 강을 건너는 것이 그리 어려운 문제인 것처럼 보이지는 않는다. 우리는 그녀가 어떻게 그 일을 해냈는지 알 수가 없다. 그러나 전혀 다른 것이 그녀의 길을 가로막는다. 왕자는 갑자기 다른 여자와 결혼하고자 하는 것이다. 그녀는 잊혀진 것이다. 그것은 우리에게 그렇게 놀라운 일이 아니다. 두 사람 사이에는 너무나 많은 실망과 배신이 있었기 때문이다. 정말 유리산과 급류가 있었다.

두꺼비에게서 얻은 옷들을 가지고 비로소 공주는 결정적으로 왕자를 얻을 수 있다. 두꺼비들에게 체류하였던 것이 얼마나 중요하였으며, 또 두꺼비들의 영역에 받아들여진 것이 얼마나 본질적인 문제였는가 하는 것이 점점 분명해진다. 사람들이 세상에 자신을 어떻게 보여 주고자 하며, 또 어떻게 보이기를 원하는가 하는 점이 특히 옷의 선택을 통해 표현된다. 특히 동화에서 그것들은 옷입는 사람의 본질에 대한 표현이다. (“노래하고 뛰어오르는 종달새”와 같이) 이 동화와 유사한 것에서 이 대목은 훨씬 상세하게 서술되고 있다. 그곳에서 주인공은 태양과 같이 빛나는 옷을 태양으로부터 얻었다. 그리고 부인이 자기 남편을 찾기 위하여 걸었던 길을 통해 동시에 “가벼운” 인격적 특성을 자신에게 발전시켰다는 점이 분명해진다. 그런데 이 동화에서는 공주가 오랫동안 방황하고 난 다음에 이 옷들을 한꺼번에 얻었다. 이 동화는 다른 동화들이 그러는 것과는 달리 공주를 그렇게 오랫동안 헤매게 하지는 않는다. 그것은 아마 아버지에 애착하는 딸에게 전형적일지도 모른다. 궁극적으로 그녀에게 있어서 모든 것은 직선적으로 잘 진행되기 때문이다.

이러한 맥락에서 “쇠난로”가 방앗간집 딸이나 아니면 돼지 목장집 딸과 결혼할 뻔하였다는 것은 흥미로운 일이다. 지금 그는 다른 신부가 있는 것이다. 처음의 정황이 반대의 방식으로 반복되고 있다. 같은 방식으로 앙갚음을 하는 것이다. 여기서 관계는 분명히 권력의 측면을 가지고 있다.

아버지의 딸들에게는 종종 “무엇보다도 특히” 결혼하였으면 하는 소망이 등장한다. 이러한 소망은 그녀가 방앗간집 딸과 돼지 목장집 딸들로 하여금 자신을 대리하도록 하였다는 사실에서 형상적으로 표현된다. 이 내키지 않는 마음은 관계의 중심이 되고자 하는 확고한 소망에게 자리를 양보한다. 그녀에게 이제 중요한 것은 진정한 방식으로 관계를 맺고, 더 이상 관계의 주변부에 서 있지 않는 것이다. 즉 영혼의 주변적 인물에 의해 대변되지 않는 것이다. 그녀는 모든 자만을 포기할 자세가 되어 있다. 물론 그녀가 공주라는 사실을 잊지는 않지만 부엌 하녀로 일자리를 구하는 것은 아버지에 애착하는 딸에게는 커다란 용기를 필요로 하는 일이다. 그녀는 또한 자신이 그 남자를 위해 했던 일을 의식하고 있다. "나는 당신을 구원하였고, 당신은 나를 구원하였어요"하고 그녀는 말한다. 동물 왕자의 동화에서는 적어도 표면상으로는 부인만이 왕자를 구원하지만, 이 동화에서는 상호적 구원이 직접적으로 언급되고 있다. 여기서는 아버지에게 머물렀던 것도 마찬가지로 마법에 걸렸기 때문이라고 표현된다. 왕자가 그녀에게 강요하였던 탈출의 길은 동시에 그녀가 걸어야만 하였던 구원의 길이기도 하다.

두 사람은 "자율을 향하여 살아가야 한다"는 표현이 내가 처음에 말하고자 하였던 바로 그 점이다. 사랑이 미칠 수 있는 영향은 특히 사람이 예전의 구속으로부터 벗어날 수 있다는 점이다. 잘되면 사랑으로 인해 배우자는 더 많은 자유를 얻게 되고, 잘 안 되면 예전의 구속 관계가 새로운 형식으로 거듭 지속된다.

이 두 사람의 일이 어떻게 전개될지 아직 미지수다. 그녀가 아주 감정적으로 자신이 걸었던 고통의 길을 그에게 서술하고, 또 그렇게 함으로써 그에게 자신을 상기시킨다. "당신은 나의 사람이고, 나는 당신의 사람이오"는 상호 귀속의 표현으로 평가될 수 있다. 왕자는 처음부터 공격적인 태도이고, 반면 공주는 지배적인 아버지의 사랑을 받는 데 익숙해 있다. 따라서 자율의 투쟁이 앞으로 더 있을 것이라고 기대된다.

동화의 마지막 부분에서 이루어지고 있는 언급, 즉 그녀가 작은 오두막으로 돌아왔을 때 두꺼비가 한 마리도 보이지 않았으며, 이 오두막은 사실 마법에 걸린 왕자의 성이었다는 언급은 이러한 맥락에서 보면 매우 흥미롭다. 이제 마법에 걸린 상황은 완전히 없어진 것이다. 구원되는 과정에서 두 사람이 얼마나 서로 의존하였던가 하는 점이 이제 분명해진다. 마법에 걸린 왕자의 하인과 하녀들이 결국 그녀를 도운 것이다. 그런데 왕자는 마녀에 의해 저주를 받았었다. 원초적 엄마가 복수를 하였던 것이다. 아마 사람들이 그녀를 별로 존중하지 않았기 때문에 복수를 하였을 것이다. 그런데 그녀가 부인에게는 많은 도움을 주었다. 공주가 자신의 내면에 있는 이 자연 영역을 인지하고, 그 가치를 인식함으써, 그녀는 부유하게 된다. 그리고 남자도 더 이상 마법에 걸려 있을 필요가 없다. 더 커다란 자율에로 나아가는 길을 통해 공주는 예전의 체제에서는 배제되고, 그러므로 파괴적인 작용을 하였던 것들을 다시금 삶으로 끌어들였을지도 모른다. 보다 집단적인 의미에서 보면 자연적인 것, 여성적인 것이 다시 커다란 의미를 얻었다고 할 수 있다. 왕자는 다시 인간이 되어 관계를 맺을 수 있는데, 이는 쇠난로의 형태에서는 물론 불가능하였던 일이다.

그것은 사실 상호적인 구원이었다. 그렇지만 늙은 왕이 한탄을 하고, 결국 그들이 살고 있는 성으로 왔다고 하는 동화의 결론은 몇 가지 자율의 투쟁이 더 일어날 것이라는 기대를 하게 만든다.

　그것은 과연 아버지로부터 잘 떨어졌다는 징후인가? 부모로부터의 분리가 잘 이루어졌다는 사실은 어떤 사람이 부모가 비록 가까이 있다고 할지라도 자율적일 수 있다는 것과, 부모와 아무런 긴장없이 조용한 관계를 보존할 수 있다는 것으로 나타난다. 아니면 동화의 결말 부분의 정황은 늙은 왕이 항상 배후에 잠복하고 있으며, 여전히 관여하고 있다는 것의 징후인가?

　안정에 대한 욕구가 솟아오를 때마다 안식할 수 있고, 창조적 휴식을 취할 수 있는 두꺼비의 오두막을 찾는 대신에 예전의 의존 관계로 도망하는 것은 아마 모든 자율 발전에 있어서 커다란 유혹일 것이다.

하얀 고양이

옛날 옛적에 왕이 있었어요. 그에게는 외아들과 아주 아름다운 왕비가 있었어요. 그런데 왕자가 아직 어린아이였을 때 왕비가 죽었어요. 왕은 왕비를 매우 사랑하였기 때문에 몹시 슬퍼하였어요. 궁중의 애도 기간이 끝나고 1년이 지난 다음에도 왕국에는 다시 왕비가 있어야 한다고 왕을 설득할 수가 없었어요.

그래서 왕과 결혼하려고 하였던 베일을 깊이 가린 처녀는 대신 바구니 만드는 사람을 얻었어요. 그녀가 어떤 모습이었는지 아세요. 온통 보석으로 장식했어요. 그렇지만 그녀는 바구니 만드는 사람을 얻고 물러가야만 했어요. 그녀는 이 일을 대수롭지 않게 받아들이지 않았어요. 그녀는 이 일에 대해 몹시 화가 났어요.

그리고 그녀는 격노하여 왕과 궁정에 끔찍할 정도의 해를 미쳤어요. 이 처녀는 마녀였어요. 그녀

가 치장한 모든 보석들은 마법에 걸린 물건들이었
어요. 자신의 초라하고 어두컴컴한 집에 다시 도착
하자, 그녀는 곧 마녀 부엌에 있는 아궁이에다 불
을 지피고, 있는 모든 약초를 모아 솥에 집어 넣었
어요. 그녀가 무서운 마녀의 주문을 외우면서 저주
를 하자, 불이 한 구석으로 휘감아 돌았어요.

그러자 엄청난 폭풍우가 몰아쳤어요. 눈이 오기
시작하였고, 사방에서는 우르르 쾅쾅거리기 시작하
였어요. 성은 난로 모양의 바위가 되어 깊이 쌓인
눈 한가운데 있었고, 왕과 왕자와 궁정 하인들은
모두 까마귀가 되어 버렸어요. 그들은 쉬지 않고
바위 위를 날아다니면서 엄청나게 까옥까옥 울어댔
어요. 바위에는 커다란 구멍이 있었는데, 거기서
물이 흘러나와 정원을 물로 덮어 버렸어요. 이 호
수는 거의 일년내내 얼어 있었어요.

"처녀 하나가 기이한 마차를 타고 호수를 건너
바위산 안으로 들어가 늙은 까마귀에게 입맞춤을
할 때까지, 너희는 저주를 받아야 한다."
하고 무시무시한 마녀가 말했어요.

그런데 이 늙은 마녀는 딸이 하나 있었는데, 그
녀는 엄마와 마찬가지로 아주 사악하였어요. 그렇
지만 그녀는 너무나 멍청해서, 마술을 배우지 못했
어요. 그래서 그녀는 백작 대신에 찢어지게 가난한
나무꾼을 남편으로 맞이하였어요.

맙소사! 그것은 결혼 생활이라고 할 수 없었어

요. 너무 비참하고, 매일 싸움과 불화가 끊이지 않
았어요. 나무꾼 남편은 처음에는 아주 좋은 사람이
었어요. 자신의 자식에게 사랑스런 아버지이듯이,
그녀에게도 착한 남편이었어요. 얼마 후 그는 거칠
어져서, 곧 사람을 때리기 시작하였어요. 결국 그
는 첫번째 부인이 남긴 자신의 딸만을 사랑했어요.

그렇기 때문에 아버지가 집에 없을 때에 나쁜 계
모는 소녀에게 매몰차게 대했어요. 어린아이는 많
은 끔찍한 일들을 해야만 하였어요. 부인이 아이를
죽이지 못한 까닭은 오로지 거친 남편에 대한 두려
움 때문이었어요.

어느 날 집 고양이가 장작 창고에서 백설같이 희
고 귀여운 네 마리의 새끼 고양이를 낳고는 죽었어
요. 마음씨 좋은 소녀는 네 마리의 새끼 고양이를
키웠어요. 네 마리의 흰 고양이는 그녀가 가질 수
있는 기쁨 전부였어요.

어느 날 나쁜 계모에게 갑자기 못된 생각이 떠올
라, 소녀에게 네 마리의 새끼 고양이를 죽이라고
명령하였어요. 그것도 호수에 얼음 구멍을 만들어
네 마리를 익사시키라고 명령하였어요.

무거운 마음으로 소녀는 울면서 귀여운 것들을
데리고 나갔어요. 그녀는 얼어붙은 호숫가로 내려
갔어요. 왼손에는 자루 속에 고양이를 담고, 오른
손에는 얼음을 깰 수 있는 곡괭이를 들고 갔어요.
호숫가에 도착하자, 그녀는 얼음에 구멍을 내기 시

작하였어요. 그녀는 그 일이 너무 고통스러워 쓰러져 몹시 울었어요. 네 마리의 새끼 고양이도 자루 속에서 울어댔어요.

어떻게 그렇게 되었는지 전혀 알 수 없었지만, 그녀는 얼음 구멍 옆에서 잠에 떨어졌어요. 그리고 마치 누군가 그녀를 부른 것 같았어요.

"어서 타거라, 어서 타거라!"

깨어났을 때, 그녀 앞에는 훌륭한 금썰매가 있었어요. 그리고 네 마리의 백설과 같이 흰 고양이가 썰매를 끌고 있었어요. 그녀는 새끼 고양이들을 쓰다듬고 썰매에 올라탔어요. 그 안에 앉자마자 새끼 고양이들은 썰매를 끌고 달리기 시작하였어요.

얼음이 썰매 뒤에서 우지끈거리며 갈라질 때 썰매는 날듯이 호수를 건너 바위에 도달하였어요. 썰매는 호숫가에 있는 동굴 속으로 들어갔어요. 소녀는 거기서 내렸는데, 소녀가 동굴 안을 두리번거리고 있는 동안 썰매는 새끼 고양이들과 함께 사라졌어요. 아무리 찾아보아도 온통 거친 바위뿐이었어요. 여기저기 이끼가 덮여 있었지만, 새끼 고양이들의 흔적은 없었어요. 칠흙같이 어두운 동굴의 끝에는 두 개의 희미한 불빛이 빛나고 있었어요.

'저게 무엇일까?'

하고 소녀는 생각하였어요. 두려워하지 않고 소녀는 두 개의 불빛에 다가갔어요. 거기서 그녀는 빙빙 돌고 있는 한 마리의 늙은 까마귀를 발견하였어요. 이 까마귀는 목에 목도리를 두르고 있었어요.

"아이, 참! 아주 귀여운 새인데, 너무 불쌍하고 가엾구나!"

소녀는 가여운 짐승을 집어 들고 입을 맞추었어요.

그러자 마치 세계가 붕괴되고 바위가 부서지는 듯한 굉음이 들렸어요. 갑자기 그녀는 환하고 커다란 방의 한가운데 서 있었어요. 그리고 왕이 그녀 앞에 서 있는 것이었어요. 왕은 공손하고 정중하게 놀란 소녀에게 입맞춤을 하면서 말하였어요.

"네가 우리를 구원하였구나! 그러니 너는 나의 아들의 신부이고, 또 우리 왕국의 왕비란다!"

곧이어 열린 향연은 아주 대단하였어요. 나도 거기 있었고, 같이 먹었어요. 그런데 나는 너무 깊숙이 그릇 안을 들여다보았어요. 그래서 나머지 음식을 먹지 못하고 나는 그만 그릇 안으로 떨어져 버렸지요. 요리사는 내가 고깃덩어리라고 생각하고, 거지에게 선사하였어요. 거지는 나를 휴대용 배낭에 넣어서 이곳으로 데리고 온 것이에요. 그래서 나는 이 이야기를 알게 되었지요.

독일 도나우 지방에서 수집되어 이야기되고 있는 이 동화는, 발전과 삶의 진보와 자율의 증대에 대한 요청에 응하지 않거나 또는 응할 수 없으면 어떤 일이 벌어지는지를 아주 극적으로 보여 주고 있다.

동화의 둘째 부분에서는 이러한 상황으로부터 벗어나는 발전 과정이 시작된다. 즉 한 소녀의 자율 발전과 연관된 과정이 시작되고 있다. 이 동화의 제목이 암시하고 있듯이, 여기서는 고양이들이 중요한 역할을 한다.

고양이는 인간에게 아주 가까운 짐승으로서 관계를 맺고, 관계에 응할 수 있으며, 애정에 대한 욕구를 충족시킨다. 고양이는 어느 정도 믿을 만한 동물이지만, 그럼에도 불구하고 인간에게는 매우 대립적이며 비밀스러운 존재이다. 이 모든 것들이 고양이를 많은 인간적 특성들을 투영하는 데 적합한 대상으로 만든다.

그래서 우리는 공격성과 상냥함의 결합을 "고양이 같다"고 성격짓는다. 본래 야수인 고양이는 매우 공격적일 수 있지만, 또한 매우 귀염성이 있기도 하다. 고

148

양이는 간단하게 말하면 같이 있을 수 있다. 고양이는 자기 주장을 하며 살고, 또 성공적인 결합에 헌신하면 서 살기도 한다. 고양이는 간교의 욕망을 마음껏 발휘 하여, 사람으로 하여금 쓰다듬고 만지고 부벼대도록 만들기도 한다. 사람들은 고양이가 정말 방탕적인 성 생활을 하고 있다는 점을 알고 있다. 이 모든 특성들 을 전용하여, 또 고양이가 가지고 있는 우아함과 연관 지어 사람들은 여자들을 종종 "고양이 새끼"라고 부르 기도 하고, 또 경멸하는 투로 "고양이"라고 부르기도 한다. 그러면 여자는 대체로 성적 대상이 되어 버린 것이다.

고양이는 모성적이기도 하다. 그러나 고양이는 자라 나는 새끼들을 버리고 떠나, 새끼들을 자율 속으로 밀 쳐 내기도 한다.

근본적으로 우리는 상호 모순적인 것을 고양이와 결 합시킨다. 우리는 고양이를 또한 이중적으로 체험한 다. 고양이는 한편으로 야수이고, 다른 한편으로 애완 동물이다. 상냥함과 공격성은 순식간에 뒤바뀌고, 투 쟁과 유희는 경계가 없을 정도로 서로 변한다. 고양이 는 우리에게 익숙하지만, 특히 특이한 눈으로 말미암 아 비밀스러운 점을 지니고 있다. 고양이는 잘 알려진 바와 같이 어둠 속에서도 잘 볼 수 있는데, 즉 숨겨진 것에 접근할 수 있는 것이다. 관계를 맺는 행동을 통 해 고양이는 공생과 자율을 운율적으로 바꾸어 가면서 결합한다. 고양이는 귀여움을 받고자 하는 욕구가 있 는데, 그렇기 때문에 사랑이 있는 곳에서는 어디에서 나 이를 획득하고자 한다. 그렇다고 고양이가 아무런 선택도 하지 않는 것은 아니다. 고양이는 또한 자유에 대한 욕구를 가지고 있다. 장소에 묶여 있는 까닭에 고양이는 항상 되돌아온다. 즉 고양이는 자율적 충성의 이상을 구현한다. 고양이는 우리가 어렵다고 생각하는 것을 아무런 어려움없이 자신의 삶에 실현하며, 그러면서도 대체로 사랑을 받는다.

동물로서 고양이는 우리 내면에 있는 동물의 차원을 상징한다. 즉 신체의 차원, 신체와 결합되어 있는 감정의 차원, 그리고 의식되지는 않았으나 비교적 의식에 가까운 환상의 차원을 상징한다. 신화에서 고양이는 어머니의 신들에 속한다. 특히 그것은 이집트의 신화에서 두드러지며, 문헌을 통한 고증도 충분하다. 다양한 시대의 위대한 어머니 신과 이집트의 신화에서 나타나는 바와 같이 고양이는 바스트, 누트, 하토르, 테프누트와 같은 여신들의 신성한 동물이다. 그러나 어머니 여신이 결코 어머니만을 상징하는 것은 아니다. 이 여신은 생산성, 음식, 자식, 쾌락, 감성, 신체성, 그리고 (봄과 같은) 새로운 생성과 죽음을 상징한다. 시간이 지나면서 어머니 여신은 가부장적 종교들에 의해 평가절하되었다. 신화적으로 보면 위대한 여성의 여신으로부터 마녀가 되었고, 고양이와 같은 여신의 동물들은 마녀의 동물이 되었다.

우리가 허용한다면, 고양이와 같은 성격은 체험적으로는 남자들과 여자들에게 동시에 접근 가능하다. 우리는 그것을 특히 관계의 영역에서 체험하고, 허용된 애정을 통해 경험한다. 우리는 그것을 또한 공격을 통해 갑자기 우리를 분리시키는 행위에서 체험한다. 고양이와 같은 성격이 정말 고양이 같아서 무의식적이면 일수록, 변화는 더욱 분명해진다. 이러한 행동은 우리의 관계에 많은 문제점을 만들게 된다. 특히 안정과 자유에 대해 우리가 통상적으로 가지는 이중적 욕구가 어차피 문제를 야기한다면, 더욱 그렇다.

일상 생활에서는 의식과 반성에 의해 제재받지 않는 고양이 성격은 대충 다음과 같이 나타난다. 다른 사람과 열렬하게 애무를 하던 어떤 사람이 갑자기 일어나서, "이제는 빨리 맥주 마시러 가야겠어"하고 말하는 것이다. 맥주 한 병이 냉장고에 들어 있음에도 불구하고, 그는/그녀는 집을 나가 당분간 보이지 않을 것이다. 이러한 반응을 우리는 물론 불안을 불러일으키는 극단적 밀착 관계에 대한 반응으로 이해할 수 있다. 그것은 다른 사람으로 인해 자신을 완전히 잃어버릴 것 같은 불안이다. 이런 상황의 안에서 다른 사람과 자신을 구별하는 대신에 도망쳐 버린다. 이 상황에서 공생 욕구와 자유에 대한 욕구 사이의 긴장 관계가 특히 우리의 의식 속에 선명히 들어오는 점이다.

마지막으로 고양이에게서 인상적인 것은 고양이가 상냥함에 대한 모든 욕구에도 불구하고 결국 원하는 것을 행한다는 점이다. 그렇기 때문에 우리는 고양이를 부러워한다. 그래서 우리는 아마 고양이를 나쁘게 말하는 것일지도 모른다.

이제 동화를 살펴보기로 하자. 동화의 초반부는 왕과 왕자에 관해 이야기하고 있다. 부인과 엄마를 잃었기 때문에 왕과 왕자는 쓸쓸하다. 애도를 하면서 왕은 자기 부인을 예전의 모습이었던 "매우 아름다운" 부인으로 다시 부활시키고자 한다.

누군가를 잃는다는 것, 그것도 죽음으로 인해 잃는다는 것은 항상 사람이 자기 자신을 다시 자각해야 한다는 것을 의미한다. 관계에는 항상 관계-자아 같은 것이 있게 마련이다. 이 관계-자아는 결코 자기 자신의 자아의 모든 측면을 포괄할 수는 없다. 배우자 한 명이 죽으면, 사람은 자기 자신의 자아에로 되돌아와야만 한다. 그것이 바로 애도의 기능이다.[22] 자기 자신을 재조직하고, 자기 자신을 자각하는 것은 또한 커다란 기회이기도 하다. 어떤 사람의 진정한 과제가 무엇이고, 또 개체화의 길이 무엇을 가져올 것인가를 스스로 생각하는 것이 이제 다시 가능해진 것이다. 사람이 버림을 받고 다시 새로운 관계를 맺는다는 것은 실제로 사람이 다시 삶에 관여한다는 것을 의미할 수 있다. 그것이 비록 고통스러운 상실의 체험을 포함하고 있다고 할지라도 그렇다. 사람이 이러한 상실의 체험을 스스로 경험하면, 죽음이 삶에 필연적으로 속해 있다는 것을 받아들이게 된다. 새로운 관계를 맺을 수 있다는 것은 또한 상징적으로 이해하면, 우리가 우리 자신이 가지고 있는 새로운 측면과 새로운 경향, 그리고 새로운 감동을 이해해야 한다는 것을 뜻한다.

모든 상실은 그 자체 새로운 시작의 기회를 함축하고 있다. 그리고 이 새로운 시작은 우리의 자율을 더욱 발전시킬 수 있는 가능성을 제공한다.

동화에서 왕비가 죽었다는 것은 남성성과 여성성의 새로운 결합이 시도되어야 한다는 것을 의미한다. 왕비가 실제로 죽은 것으로 이해되든, 아니면 상징적으로 죽었든간에 중요한 것은 다른 관계에 대한 상상이 효력을 나타내야만 하는 관계의 새로운 단계에 돌입한다는 것이다. 그것은 단순히 매우 아름다운 부인을 가지고 있는 행복한 왕을 둘러싸고 있는 환상만은 아니

새로움의 희망
미래의 길
아름답고
충족됐던
것들의
집착
Oooo....
상실의 고통
자율의 요청

다.

동화는 상실이 얼마나 고통스러운가를 보여 주고, 또 사랑하는 사람의 죽음이 남아 있는 사람에게는 얼마나 삶에 의해 강요된 자율의 요청을 의미하는가를 보여 준다.

그러나 왕은 슬픔을 고집한다. 삶에 있어 가장 아름다운 것, 그를 가장 많이 충족시켰던 것을 빼앗겨, 새로운 것에 대해서는 어떤 희망도 가지고 있지 않은 사람처럼 왕은 행동한다. 미래에로의 길이 막혀 있는 것이다. 그리고 어떤 길도 존재하지 않는 것이다. 왕은 이 단계에서 우울할 수밖에 없다. 기억 속에서 그는 자기 부인을 더욱 아름답게 만들고, 그렇게 함으로써 자신의 고통을 더욱 크게 만든다. 그는 자신의 고통을 희생할 능력이 없는 것이다.

도대체 세상에 나갈 수 없는 이 상황에서 세상이 그에게 다가선다. 베일을 깊이 내려쓴 부인이 그와 결혼하고자 한다. 그녀는 감춰져 있고, 은폐되어 있다. 그녀는 다시 말해 자루 속에 든 고양이와 같은 것이다. 그녀는 왕에게 그녀의 가치를 보여 줘서 그녀를 원하게 만들도록 온통 보석으로 치장하였다. 그녀는 동화가 서술하고 있듯이 정말 마녀인가, 아니면 그녀는 거절과 부정적 투사를 통해 비로소 파괴적이 되는 것인가? 그녀에게 어떻게 접근하느냐에 따라서 그녀는 도움을 주기도 하고 또는 파괴적일 수도 있다.[23]

우리가 어느 정도 주저한 뒤에도 자율의 요청을 받아들이지 않으면 어떤 일이 일어나는가가 베일을 쓴 부인의 장면에서 분명하게 보여진다. 우리의 내면에서 생성되고자 하였던 새로운 것이 우리에게 대립하며,

파괴적으로 체험되고, 우리를 결국 돌처럼 경직시킨
다. 우리가 적절한 애도의 기간이 지나고 난 다음에
죽음과 변신을 수용하지 않는다면, 우리는 곧 "죽은
사람과 같이" 되는 것이다.

그런데 이 마녀는 아주 특별한 마녀이다. 왕에게 결
여되어 있는 모든 에너지가 그녀에게서 발견된다. 그
녀는 격노하여 엄청난 복수심을 품게 되며, 또한 대단
한 힘을 가지고 있다. 그래서 불마저도 그녀를 두려워
할 정도이다. 그녀는 불과 약초와 관계를 가지고 있
다. 결국 변화 과정 일반에 관여하고 있는 셈인데, 이
변화의 과정은 물론 치유의 의도 아니면 파괴적 의도
에서 사용할 수 있다.

이 마녀는 "섬뜩하고 무서운" 저주의 주문을 알고
있다. 그녀는 날씨의 마녀이다. 그녀는 포괄적 의미에
서 자연과 관계를 맺고 있으며, 자연을 다루고, 또 자
연을 지배할 수 있다. 왕과 부인의 관계에서 이제껏
결여되어 있던 것이 그녀에게 육화되었다고 가정한다
면, 변화할 수 있고 또 변화의 감각을 가지고 있는 것
은 바로 자연의 측면을 전적으로 대변하는 여성성이
다. 이러한 감각이 왕에게 없다는 사실은 분명하다.
그는 삶의 변화를 믿지 않고, 자신의 삶의 상황이 개
선될 수 있다는 것도 믿으려 하지 않는다. 아들도 역
시 이 정신적 태도에 포함된다.

마녀는 왕의 거절로 자아 도취적인 방식으로 상처를
받았음에 틀림없다. 그녀는 또한 자기 도취적 분노에
빠진다. 즉 복수의 욕망과 혼합되어 있는 엄청난 분노
에 빠진다. 거절의 장면을 우리는 객관적 측면과 주관
적 측면의 이중적 방식으로 이해할 수 있다.

객관적 측면에서 해석하면 왕은 마녀를 모욕하면서 정말 새로운 삶을 가져올 수 있는 부인을 모욕하고 거절한 것이다. 즉 아름다운 왕비를 통해 구현되지 않았던 것을 모욕하고 거절하였다고 할 수 있다. 부인은 이에 대해 격노해서 복수를 한다. 그녀는 상처를 입은 것이다. 그래서 그녀는 왕의 삶에 그림자를 드리우고자 한다. 다른 사람이 자신의 어두운 측면을 언급하는 것을 들을 때, 모든 사람이 다 잘 참아 낼 수 있는 것은 아니다. 간단히 말해서, 모든 사람이 다 "암흑을 견뎌 내는 것"은 아니다. 조금은 더 집단적인 관점에서 보면, 마녀에게서 관계를 변화시킬 수도 있는 여성성의 새로운 상이 정형화되었다고 할 수 있다. 그러나 왕은 새로운 것을 받아들일 수도 없고, 받아들이려고 하지도 않는다.

우리가 마녀를 주관적 측면에서 이해하여, 왕의 인격적 측면으로 파악한다면, 그것은 왕이 무의식적으로 매우 상처를 받았다는 것을 뜻한다. 왜냐하면 그는 아름다운 부인을 잃었기 때문이다. 그의 분노와 복수의 욕구는 그를 점점 더 우울증 속으로 몰아넣는다. 그는 자신의 이상화된 부인을 잃었다는 사실을 받아들일 수 없다. 그는 삶과 여성상의 다른 측면을 받아들일 수 없는 것이다.

우리는 약화된 정도이기는 하지만 이러한 상태를 익히 알고 있다. 떨쳐 버릴 수도 없고, 또 떨쳐 버리지 않으려고 하기 때문에 우리가 문제의 장소에 머물러, 본래 새로운 시작을 위해 쓰여질 모든 에너지를 우리 자신에게 돌려 스스로에 대해 분노하고 사납게 구는 상태를 아마 모든 사람이 알고 있을 것이다. 그런 과

156

정에서 사람들은 내면적으로 돌처럼 경직되고, 실제로 까옥까옥 하고 우는 까마귀가 되어 버린다. 왜냐하면 사람들은 자신의 불행을 조금은 변형된 방식이긴 하지만 거듭 울면서 알리기 때문이다.

깊은 눈 속에 빠져 있는 난로와 같은 모양의 커다란 바위, 고통스럽게 지칠 줄 모르고 울어대는 까마귀들, 물에 잠겨 얼어붙은 정원들. 이 모든 것은 왕의 경직된 심리적 상황에 대한 상징이다. 삶을 가져올 수 있는 모든 것, 예를 들면 바위 틈에서 나오는 물이 얼어붙은 것이다. 바위에서 새어 나오는 물은 우리에게 바위로도 막을 수 없는 생명의 상징이다. 그러나 그것은 여기서 굳어 버린 것이다. 언급된 모든 희망의 상징들은 어떤 희망도 없는 상태로 서술되고 있다. 쉬지 않고 울어대는 까마귀의 불안정만이 생명의 생동성을 상기시키고 있다. 그러나 그것은 생동성의 이지러진 모습이 아닌가! 경직된 사람들의 분주함이 여기서 표현되고 있는 것이다.

그것이 아무리 나쁘다고 할지라도 어떤 구원도 불가능한 그런 종류의 마법은 결코 아니다. 왕은 구원될 수 있다. 그리고 새로운 삶의 가능성으로 자신을 관철시키지 못하고 늙은 왕의 운명을 공유한 왕자도 구원될 수 있다. 어떤 처녀가 기이한 마차를 타고 호수를 건너 바위산으로 들어와 까마귀에 입맞춤을 하면, 그들은 구원될 수 있는 것이다. 그것은 왕이 자신의 구원을 위해 아무것도 행할 수 없는 구원의 형식이다. 그는 기다려야 하고, 자신의 상태를 참아 내야 한다.

그러나 바위의 난로 모습에는 아주 작은 희망이 포함되어 있다. 어쨌든 버려진 황량함의 장소가 여전히 난로인 것이다. 즉 변화가 가능한 것처럼 보이는 보호의 공간인 것이다. 상징의 아주 작은 뉘앙스를 통해 동화는 우리가 사는 동안에는 항상 변신을 희망할 수 있다는 점을 거듭 보여 준다. 상황이 아무리 수습이 불가능할 정도로 엉망이라고 할지라도 상관없다. 그러나 이 희망의 불빛으로 인해 동화에서의 상황이 처음에는 전적으로 절망적이라는 사실을 잊어서는 안 된다. 그것은 분명 경직되고 얼어붙은 심리적 상태에 대한 모습이다. 기껏해야 우리는 우중충한 산 위를 맴돌고 있는 까마귀들을 암담한 생각으로 해석할 수 있으며, 죽음의 생각으로까지도 파악할 수 있다. 다시 말해 이미 닥친 불행의 주위를 맴돌고 있는, 그래서 아무것도 변화시킬 수 없는 생각들로 파악할 수 있다. 정원에는 아무것도 자라지 않는다. 거기에는 새로운 것이 자라지 않고 있으며, 새로운 음식과 새로운 꽃들도 없다. 사람들이 통상 머무는 장소에 아무것도 없는 것이다. 이 우울하고 경직된 상태를 견뎌 내야만 한다. 그것도 오랫동안 참아 내야만 한다.

이 동화에서는 다음 세대의 소녀만이 비로소 구원을 할 수 있다는 사실을 이유로, 폰 바이트와 더불어 나는 여기서 다루고 있는 것은 세대를 넘어서는 문제점이라는 것을 가정한다. [24]

여기서 우리는 "털북숭이 소녀"의 동화에서 처음으로 파악하였던 사상을 계속 추적할 수 있다. 우리의 자율 과제는 얼마나 우리 부모 세대가 행하지 못한 자율의 행보에 의해 각인되어 있는가? 이제까지 가족의 체계에서 배제되었던 것을 우리가 실현하면, 우리는 진정 우리를 자율적이라고 체험하는가? 부모에게 결여되어 있는 자율이 자식에게 영향을 미친다는 것은 자명하다. 자식은 우선 동일한 체계에 참여하고 있는 것이다. 부모가 충족시키지 못했던 삶의 과제는 따라서 자식에게 남겨진 삶의 과제가 된다.

그런데 이 마법에 걸린 까마귀가 여전히 왕이라는 사실을 생각해 보아야 한다. 그는 사람들의 삶의 상황에 대한 하나의 주전형이다. 그것은 사람들이 발전에 대해 저항하는 전형적 모델인 것이다. 즉 이 모델에서는 이상화된 상으로부터 분리하는 것이 불가능하고, 삶을 촉진시키는 모든 힘들이 한 사람을 향해 있고, 그렇기 때문에 경직된 상태가 계속된다.

그것은 또한 여성적인 것이 차지할 여지가 없는 모델이기도 하다. 왕이 이 모델을 설정하면, 그것은 신하들의 삶에 영향을 끼친다. 어떤 대가를 치르고서라도, 즉 경직의 희생을 치르고서라도 이상을 고집하면 인간 관계가 어떻게 될 수 있는가 하는 점에 대한 상징은 아마 장작 창고 안에서 사는 부부의 삶일 것이다.

장작 창고의 남편은 구걸할 정도로 찢어지게 가난하다. 그는 숲속의 노동을 통해서도 거의 끼니를 잇지 못한다. 어머니 자연도 그를 먹여 살리지 않는다. 부인은 너무 멍청하다. 그래서 결국 가난하다. 그녀는 마술조차도 배우지 못했다. 실제의 부인이라면 분명 멍텅구리로 불리웠을 것이다. 어쨌든 부부 생활은, 아무것도 변화될 것이 없으면 항상 그렇듯이, 싸움으로 지쳐 있는 것처럼 보인다. 남편은 오직 첫 결혼에서 얻은 딸에게만 관심을 가진다. 그것은 좋았던 과거로부터 미래를 기약하는 것과 같다. 그런데 남편이 부인의 욕구를 도대체 받아들이지 않고, 그녀를 배제하고 고립시키기 때문에, 가능하면 이 소녀를 죽이고 싶을 정도로 그녀가 대단한 질투심을 가지는 것은 당연하다. 전체 가정의 관계에서 이 상황은 지극히 파괴적이다.

그런데 상황이 개선될 전망은 없지만, 여기서는— 적어도 장작 창고 안에서— 일종의 대결이 일어난다. 더 악화되는 것은 거의 불가능하기 때문에, 두 사람의 관계는 파괴적인 측면에서 안정된다. 소녀의 상황은 분명 비참하다. 첫번째 엄마를 이미 잃어버리고, 아버지에게 편애를 받고 있기 때문에 새엄마에게서 죽도록 미움을 당하는 소녀는 분명 가정과 세상에는 자기가 서 있을 자리가 없지만 이 가정을 떠나서는 안 된다는 감정을 가지고 있을 것이다. 왜냐하면 아버지는 오직 그녀에게 의존하고 있기 때문이다. 여기서 다시 한 번 사람을 마비시키는 구속이 등장한다. 그와 같은 상황에 있는 아이는 불안으로 인해 마비된 것과 같을 것이다.

마비된 사람과 같다는 이 감정이 확산되자, 고양이는 네 마리의 희고 귀여운 새끼를 낳는다. 네 마리의 새끼 고양이들이 앞에 있다고 생각하면, 앞서 있었던 경직의 모습에 대해 생동감있는 삶의 모습이 대립하고 있다는 점이 분명해진다. 그런데 늙은 고양이는 새끼를 낳다가 죽는다. 고양이의 운명을 통해 이제 새로운 삶의 상황이 시작되고 있다는 점이 표현된다. 낡은 것이 소멸하고, 새로운 것이 탄생될 수 있다는 것이다. 그러나 그것은 아직 동물의 차원에서 일어나는 일이지만, 예감과 희망으로, 그리고 우리가 본능적으로 신뢰

경직, 불안
낡은 것의 소멸
새로운 삶의 상황 시작
긍정적 공격성
자율과 애정
새로운 생산성

할 수 있는 것으로 우리에게 다가온다. 고양이가 등장한다는 사실은 이제 긍정적 공격성, 자율과 애정과 새로운 생산성의 주제들이 거론되고 있다는 것을 의미한다. 그것은 여성성의 새로운 측면이 다시 태어나고, 이 소녀와의 관계를 통해 삶이 다시 생동적으로 된다는 것을 뜻한다.

어머니의 원형은 흰 고양이들을 통해 다시 모습을 드러낸다. 그러나 아직은 조심스럽다. 물론 희다는 것은 시작의 색깔이다. 그러나 그것은 사람들이 통상 일곱 생명을 가지고 있다고 하는 동물을 통해 서술된다. 쉽게 방해할 수 있는 새로운 정신적 발전이 시작된다. 삶과 살아 있는 모든 것에 대한 새로운 태도가 여기서 탄생하는 것이다.

우선 새끼 고양이들이 소녀에게서 모성적 본능을 유발시킨다는 사실에서 이 새로운 태도는 더욱 명확하게 나타난다. 소녀는 새끼들을 기른다. 새끼들은 소녀의 유일한 기쁨이다. 계모에게서 받지 못한 모성이 고양이들에 대해 발전되고 있는 것이다. 그녀는 고양이 엄마의 지위를 차지한다. 그래서 동화는 이 소녀를 착한 마음을 가졌다고 말한다.

이제 사람들은 삶이 다시 계속될 수 있고, 삶이 상냥하고 풍요롭고 활력있게 될 것이라는 희망을 갖는다. 그러나 상황이 그렇게 경직되어 있었다면, 모든 것이 그렇게 쉽게 풀리지는 않는다. 우리의 삶 속에서 앞으로 나아가고자 하는 충동을 느낀다고 생각하고, 새로운 것을 체험하고 경험하고 실현할 수 있다는 감정을 가질 때면 언제나 우리가 막 빠져 나왔던 예전의 상황이 다시 고개를 처든다. 앞으로 나아가고자 하는 충동이 과연 충분히 강력한가를 실험해야 하는 것처럼 모든 힘을 다해야 한다. 실제적인 상황을 생각해 보자. 유사한 상황에서 어떤 소녀가 무엇인가에 대해 ― 예컨대 동물들에 대해 ― 모성적 감정을 발전시키고, 그것과 좋은 관계를 맺는 데 성공하면, 혜택을 별로 받지 못하는 ― 그래서 분노가 이해가 되는 ― 엄마는 틀림없이 딸의 행복을 방해하고자 할 것이다. 딸은 자신이 가진 것보다 더 잘 가져서는 안 된다는 것이다. 부정적 모성 콤플렉스에 의해 성격이 각인된 사람은 스스로 좋은 의미에서 모성적이기 어렵다는 의미에서 이 상황을 상호 심리적으로 이해할 수도 있다. 만약 그럴 수 있다면, 그것은 대개 보호할 대상을 얻음으로써 가능하다. 그러나 모든 것은 결국 가치가 없다고 말하는 내면의 목소리가 이간질을 하게 된다.

새로운 삶에 대한 희망이 가능하자마자, 이 희망에서 자라난 배려와 보호의 태도들이 시험되자마자, 다시 파괴적인 태도가 모습을 드러낸다. 문제점 많은 집단적 삶의 상황에서도 이 점은 확인된다. 일군의 사람들이 어떠한 방식으로 삶을 살 것인가 하는 이념을 발전시키면, 갑자기 반대 집단이 등장하여 이 새로운 이념들에 반대하고, 그것을 비웃고, 또 이 이념들이 왜 실현될 수 없는가를 분명히 말하곤 한다.

드물지 않게 그 배후에는 시기심이 숨어 있는데, 그것은 이념 자체에 대한 것이 아니라 여전히 희망을 가지고자 하며, 이 희망을 위해서 무엇인가를 하려고 하는 사람들이 있다는 사실에 대한 시기심이다. 다시 말해 이 사람들에게는 발전의 길과 더 커다란 자율에의 길이 ― 그것이 비록 집단적 절망에 대한 자율이라고 할지라도 — 가능한 것이다.

새로운 것이 열리는 곳에는 항상 과거를 고집하는 것이 나타난다는 사실은 하나의 법칙처럼 보인다. 그것은 상호 심리적으로도 타당하다. 그러나 이 동화의 왕은 인간의 삶을 특징지우는 이와 같은 긴장으로부터 벗어나 있다. 그는 변화에 대한 거부의 입장으로 물러선다. 그렇기 때문에 그는 경직되어 있는 것이다.

나무꾼 부인도 비록 다른 차원이기는 하지만 왕의 태도에 경직되어 있다. 물론 그녀는 감히 소녀를 스스로 죽이려고 하지는 않는다. 그렇지만 그녀는 고양이들을 죽이라고 명령함으로써, 그녀에게서 삶의 내용을 박탈한다. 상징적으로 이해하면, 이 엄마는 소녀의 모성적 측면과 증가하는 자율을 파괴하고, 그녀에게 엄청난 고통을 안겨 주려고 하는 것이다.

동화의 초반부에서 죽은 아름다운 왕비와 무시무시한 마녀 사이의 간극을 통해 나타난 것이 여기서는 마녀의 딸에 대한 소녀의 투쟁으로 나타난다. 게다가 우리는 다시 내어 주어야 하는 포기의 상황을 눈앞에 두고 있다. 물론 그 의미는 쉽게 파악되지 않는다. 계모의 명령을 수행하는 것이 소녀에게는 상당히 어려운 일이다.

"그녀는 그 일이 너무 고통스러워 쓰러져 몹시 울었어요. 네 마리의 새끼 고양이도 자루 속에서 울어댔어요"라고 동화는 말하고 있다. 그녀가 얼음에 구멍을 낼 때, 이 고통이 그녀를 엄습했다. 이 얼음은 바로 왕의 무시무시한 얼음이다.

고양이와 자신의 생명과 관련된 이 고통은 왕의 경직된 고통과는 전혀 다른 종류의 고통인가? 그것은

얼음에 구멍을 내어 결국 얼음을 부숴 버리는 고통인
가? 소녀가 ― 자신의 엄청난 고통에도 불구하고 ― 모
든 것을 내어 줄 자세가 되어 있을 때, 즉 더 이상 기
대할 것이 아무것도 없을 때, 대전환이 이루어진다.
이제 잠이 들어 그녀는 ― 다음에 일어나는 일들은 본
래 하나의 꿈일 수 있다 ― "어서 타거라, 어서 타거
라"라고 말하는 목소리를 듣는다. 그 목소리는 마치
얼음 구멍으로부터 들리는 것은 아닌가? 즉 무의식으
로부터 직접 들리는 것은 아닌가?

탄다는 것은 여기서 발전의 행보로 이해할 수 있다.
고양이들을 죽이는 대신에, 엄마의 말에 복종하는 대
신에, 그녀는 썰매를 타고 어디로 가는지 알지도 못하
면서 자신을 움직여야만 한다. 즉 길이 이끄는 대로
내버려두고, 이제까지 피해 왔던 모험을 감행해야 한
다. 여기서 자신을 내맡긴다는 행보가 특히 강조되는
데, 그것은 마법적 성격을 가지고 있는 요청으로서 운
명의 명령과 같은 것이다. 물론 사람들은 우리가 내면
의 목소리에 복종하는 것이 자율인가 하고 자문해 볼
수 있다. 자율은 그녀가 스스로 올라타고, 그녀가 스
스로 요청을 받아들인다는 데 있다. 물론 그것은 상대
적 자율일 수도 있지만, 그녀는 어쨌든 요청을 감지하
고 올라타는 것이다. 여기서 또한 부모와의 분리가 실
행된다.

아주 다행한 불복종이 아닌가! 엄마에 대한 복종과
내면의 목소리, 즉 운명에 대한 복종 사이의 긴장 관
계가 이 장면에서 분명하게 드러난다. 그것은 자율에
이르는 모든 행보들에 특징적인 긴장 관계이다. 우리
가 엄마보다는 개인의 운명에 복종할 때에 자율의 발

전이 실행된다고 동화는 말하고 있는 것이다.

소녀는 고양이로 하여금 썰매를 끌도록 한다. 상징적으로 이해하면, 고양이들이 그녀의 내면에서 발전시킨 것, 즉 살아 있는 것에 대한 강렬한 사랑과 생명과 애정에 대한 신뢰에 의해 소녀는 자신을 인도하도록 하는 것이다. 이 자율에의 사랑은 항상 미래와 지속적 발전에 대한 희망을 포함하고 있다. 그녀는 또한 자신의 감정, 즉 피어오르는 에로스가 완전히 굳어 있는 왕의 호수에서 익사하지 않도록 한다. 그녀는 새로운 것을 감행하는 것이다.

네 마리의 고양이가 끄는 마차의 상징은 신화적인 표본을 가지고 있다. 풍요와 결혼의 여신, 게르만 민족의 어머니 신인 프라이아(Freya)는 고양이가 끄는 마차를 타고 나라를 돌아다닌다. 그녀가 고양이를 앞에 묶은 것은 전형적인 것이다. 그렇지 않으면 그녀는 어디에서도 에로틱한 특성들을 보이지 않기 때문이다. 어쨌든 그녀는 고양이로 하여금 마차를 끌게 한다.

네 마리의 고양이가 끄는 이 마차는 원형적인 상징이다. 인류사와 개개인의 꿈과 환상에서 항상 역할을 하고 있는 상징이다. 그것은 사람이 한 순간 어머니 신에 의해 받아들여져 어머니 신과 일체화되어 살고 있다는 것을 의미하며, 어머니 신으로부터 발전의 자극이 나온다는 것을 뜻한다. 우리는 그것을 갑자기 새로운 생동감과 의미있음을 자신에게서 느끼는 것으로 체험할 수 있다.

사람들이 매우 절망한 상황에서 이와 같은 원형적 어머니 상들이 모습을 드러낸다. 특히 실제의 엄마와 분리되는 과정에서 모든 모성적인 것들이 갑자기 삶을 지탱하는 토대처럼 되거나, 또는 자신의 엄마를 통한 엄마 일반의 체험이 매우 편향되어 있을 때, 그러한 엄마의 상들이 나타난다. 만약 자아가 발전의 행보를 수용한다면, 즉 이 동화에서는 소녀가 마차에 탄다면, 내면의 영혼에서 생생하게 살아 있는 이러한 상들은 새로운 발전의 행보를 시작하게 만든다.

고양이들과의 관계에서는 두 가지 일이 일어난다. 소녀는 자신의 모성적 감정을 발전시킨다. 소녀는 또한 자신이 가지고 있는 고양이적 성격을 발전시킨다. 이 고양이적 성격에 의해 그녀는 자율에 대한 용기를 갖고 자율에의 여행을 떠나라는 도전을 받은 것이다. 소녀가 떠나자마자, 얼음은 깨지기 시작한다. 그렇게 저주는 풀리고, 모든 문제는 이제 해결될 수 있는 것이다. 그렇지만 되돌아갈 길도 존재하지 않는다. 우리가 이 대목에 처해 있다고 감정을 이입해 보면, 우리는 얼음장같이 차가운 물에 빠지지 않는 것을 다행스러워할 것이다.

여기서도 자율에 이르는 길의 법칙성이 드러난다. 사람이 인도되고 있다고 느낄지라도, 즉 감격과 환희가 동반할지라도, 자율에 이르는 길은 불안정한 것이다.

마차가 동굴 안으로 들어가자, 소녀는 아무런 요청 없이 마차에서 내린다. 이 점에서 우리는 소녀의 자율이 증가되었음을 볼 수 있다. 소녀는 하고 싶은 것을 스스로 결정하는 것이다. 이제 그녀는 자신이 이미 오래 전부터 살았어야 할 포용적 모성을 보게 된다. 그리고 경직된 것, 굳어진 것, 그리고 이러한 것들과 결합되어 있는 우울을 본다. 왜냐하면 삶의 상황이 모든 사람에게 그렇게 경직되어 있다면, 어린아이들도 역시 이러한 경직된 상황에 참여하고 있는 것이다. 소녀가 이제 모성에서 자신을 내어 주려고 하기 때문에, 소녀는 어머니의 영역이 어떤 모습을 하고 있는지를 보게 된다. 이 어머니의 영역은 여기서 동굴로 서술되고 있다. 여기서도 역시 심리적 과정의 법칙성이 나타난다. 우리가 어떤 상황에서 벗어나 발전하려고 할 때에야 비로소 우리는 이 상황이 정말 어떠하였는지를 인정할 수 있을 것이다. 우리는 그것을 긍정적으로—또는 부정적으로—바꾸어 해석하지 않고서도, 이 상황을 받아들일 수 있다. 그 상황을 극복하고 난 다음에 우리는 이 상황에서 우리 자신에 대한 감정을 발전시킨다. 우리는 그것을 치료에서도 고려해야 한다.

소녀는 본래 고양이를 찾았다. 그러나 고양이들은 사라져 버렸다. 그녀는 고양이를 더 이상 필요로 하지 않는다. 그녀 자신이 부드럽고, 자발적이며, 독립적인 관계의 능력을 발전시켰기 때문이다. 그것은 그녀가 빙빙 돌고 있는 늙은 까마귀를 받아들여 입맞춤을 한다는 점에서 드러난다. 그녀는 이 경직된 상황과 연관이 있는 까마귀의 형상을 받아들이는 것이다. 그녀는 어머니의 영역이 경직되면 우울하고 애통스러워하는 행동의 결과를 가져온다는 점을 받아들인다. 그것도 역시 자율의 한 형식이다. 자신의 삶을 되돌아보면서 특정한 사항들은 어쩔 도리가 없었으며, 그것에 관해 한탄할 필요가 없다고 생각하는 것이다. 그러면 사람은 이러한 상황에 더 이상 묶여 있을 필요가 없다. 그것은 우리를 더 이상 과거에 묶어 놓지 않으며, 또 끝이 없는 과거와의 맹렬한 대결로 구속하지도 않는다.

어머니의
영역
경직된
어머니의 영역
수용
부드럽고 자발적,
독립적 관계의
능력을 발전

물론 과거와의 대결은 가능하고 또 필요하다. 그렇지만 우리가 평생 동안 상처에 매달리지 않으려고 한다면, 이 대결은 언젠가 끝나야 한다. 사람들은 한 번은 버릴 줄 알아야만 한다.

소녀가 왕의 어두운 측면을 수용하고, 동시에 자신의 어두운 성격을 사랑으로 받아들임으로써 다시 밝은 성격이 나타날 수 있다. 세상이 마치 붕괴하는 것처럼 우지끈 소리를 낸다. 실제로 무너지는 것은 경직된 상황이다. 세계는 사실 새롭게 창조된다.

이에 대한 외면적 징후는 소녀가 왕자의 신부가 되고, 그 나라의 왕비가 된다는 데 있다. 그것은 이 동화에서 특히 본질적인 것처럼 내게는 보인다. 동화에서 여자들의 생활 상황은 결코 좋게 서술되지 않았었다. 그들은 죽어야 하거나, 또는 마녀가 되거나, 기껏해야 "아주 멍청할" 뿐이다. 그것은 여자들이 받아들여지지 않았다는 것을 의미하며, 또 그렇기 때문에 너무 남성적으로 각인된 세계가 경직되어 버렸다는 것을 의미한다. 이제 부인은 선호되고 있는 지위를 얻게 된다. 아마 그들은 왕과 왕비로서 그 중요함에 있어서 동등한 가치를 가지고 있을 것이다. 한 평범한 부인이 왕비가 된다는 것은 도나우 지방의 동화에는 아주 드문 일이다. 따라서 그것은 아주 중요한 것을 말해 주고 있는 것이다. 늙은 왕도 역시 무엇인가를 더 배운다. 그는 더 이상 고집하지 않는다. 그는 자신의 왕국마저도 물려준다. 그는 왕국을 젊은 힘들에게 맡기는 것이다.

동화는 유머스러운 마지막 말로 끝을 맺는다. 그러나 끝말에서 다시 한 번 (배낭에) 갇혀 있음과 해방이 상징적으로 서술된다. 향연은 새롭게 깨어난 삶에 대한 축제이다. 이전에는 우리가 경직된 상태로 같이 휩쓸려 들어갔다면, 동화를 듣는 사람들은 이제 이 축제를 같이 경험할 수 있다.

이 동화를 조금은 더 집단적인 차원에서 해석하면, 우리는 여성적인 것이 밝을 (아름다울) 때에만 받아들여지는 상황을 보게 된다. 그렇지 않으면 여성적인 것은 삶에서 배제되는 것이다. 왕에게도 역시 힘있고 어두운 측면의 인식이 결여되어 있는 것처럼 보인다. 더 많은 자율에로의 발전은 이제까지 배제되었던 측면들을 다시 삶으로 끌어들이는 방향으로 진행된다. 그런데 왕은 거부하는 것이다. 왕에게서는 아마 마리아의 이미지와 일치할 수도 있는 아름다운 부인의 상과 마녀와 프라이아의 상이 ― 물론 여기서 자연의 마녀는 프라이아를 보완한다 ― 대립하고 있다는 것이 이 동화에서 분명하게 드러난다. 그러나 마녀와 프라이아는 어두운 지하에서만 말썽을 부릴 수 있다. 그렇지만 그들이 받아들여지면 오랜 뒤에는 구원을 행할 수도 있다. 소녀가 자신에게서 이 어두운 측면을 통합함으로써, 옛 신들이 모습을 드러내는 어두운 측면이 통합됨으로써 구원이 있는 것이다. 여성의 영역을 형성하는 부인들이 바로 이 영역을 삶을 통해 실현할 때에 비로소 여성성의 영역에서 변화가 나타난다.

다른 한편으로 왕도 역시 스스로 자신의 어두운 측면을 통합해야 한다. 이제까지 나는 까마귀를 항상, 왕을 괴롭혔음에 틀림없는 암담한 생각과 연관지어 해석하였다. 그렇지만 까마귀들이 보탄이라는 신에게 세상에서 일어나는 일을 이야기해 주는 현명한 까만 새라고 생각할 수도 있다. 물론 이 동화에서는 까마귀들이 이런 연관 관계에서 등장하고 있지는 않다. 보탄과 프라이아라는 옛 신들의 부부가 같이 살고자 하였다는 사실이 표현되어 있다고 할 수 있다.

이 동화의 밑바탕에는 야생적이고 힘있는 것들이 대단히 많이 느껴지는데, 만약 이러한 측면들을 살리지 않으면, 그 결과는 여기서 서술되고 있듯이 엄청난 경직이다. 대립되는 것들을 결합시키는 것이 중요하다는 사실은 흰 새끼 고양이들이 결국 소녀를 까만 까마귀들에게 인도한다는 점에서 나타난다.

이런 과정에서 흰 고양이는 그 자체 이미 하나의 대립이다. 흰 색이 시작과 서술되지 않은 것, 그리고 긴장이 없는 것을 표현한다면, 고양이는 자신의 내면에서 밝고 어두운 측면을 자율적인 방식으로 결합하고 있다.

따라서 동화는 우리가 자율에의 요청을 감지하지 않으면, 오랜 경직의 시간이 흐른 다음에야 비로소 새로운 발전의 행보가 가능하게 된다는 점을 인상적으로 보여 주고 있다.

황금새

　어느 왕이 쾌락의 정원을 가지고 있었는데, 그 정원에는 황금 사과가 달려 있는 나무 한 그루가 서 있었어요. 사과들은 이제 무르익었는데, 그 첫날 밤이 지나가자 사과 한 개가 없어졌어요. 그러자 왕은 화가 나, 정원사에게 매일 밤 나무 밑에서 보초를 서도록 명령했어요.

　정원사는 왕의 장남으로 하여금 감시하게 했지만, 12시가 되자 그는 잠이 들어 버렸고, 다음날 아침 다시 사과 한 개가 없어졌어요. 그러자 정원사는 다음날 밤에는 차남을 보초세웠지만, 12시가 되자 그도 잠이 들어 버렸고, 다음날 아침 다시 사과 한 개가 없어졌지요. 그 때 셋째 아들이 감시하겠다고 나섰지만, 정원사는 마음이 놓이지 않았어요. 그러나 마침내 허락했고, 셋째 아들은 나무 밑에 누워 지키고 또 지켰지요.

　12시가 땡 하고 치자, 공중에서 어떤 소리가 들

렸어요. 순금으로 된 새 한 마리가 날아와 부리로 황금 사과를 막 쪼아먹으려는 순간, 왕의 셋째 아들이 급히 활을 쏘았어요. 그러나 화살은 새를 못 맞히고 빗나가 버렸고, 황금 깃털 하나만이 떨어졌지요. 새는 황급히 날아가 버렸어요.

그 다음날 왕에게 황금 깃털을 가져다 드렸고, 왕은 곧 신하들과 회의를 열었어요. 모든 신하들은 한결같이 이 깃털 하나가 전체 왕국보다 더 소중하다고 말했어요. 그러자 왕이 말했어요.

"깃털 하나는 아무 소용이 없소. 나는 그 새를 가지고 싶고, 또 가져야만 하겠소."

그러자 왕의 장남이 황금새를 찾으려고 길을 떠났어요. 얼마쯤 걸어가자 숲이 나타났어요. 숲 입구에 여우 한 마리가 앉아 있었는데, 그는 곧 총을 꺼내 여우를 겨냥했어요. 그러자 여우가 뛰어왔어요.

"나를 쏘지 마세요. 당신에게 좋은 충고를 한 가지 해줄게요. 나는 당신이 어디 가려는지 알고 있어요. 당신은 황금새를 찾으러 가지요. 당신이 오늘 밤 어느 마을에 닿게 되면 서로 마주보며 서 있는 두 여관을 발견할 거예요. 한 여관은 밝게 불이 켜져 있고 왁자지껄 즐거운 소리가 들리지만, 그곳으로 들어가지 말고, 마음에 들지 않더라도 다른 여관으로 들어가세요."

그러나 아들은 동물이 제대로 충고를 할 수 있을

까 의심스러워 총을 들고 방아쇠를 당겨 버렸어요.
그러나 총알은 빗나가고 여우는 꼬리를 곤두세우고
숲속으로 달려가 버렸어요.

장남은 여행을 계속했어요. 저녁이 되어 그는 어
느 마을에 당도했는데, 그곳에는 두 여관이 있었어
요. 한 곳에서는 사람들이 노래도 부르고 춤추기도
했지만, 다른 여관은 허름하고 어둠침침했어요.

"저런 멋있는 여관을 놔두고 다 쓰러져 가는 여
관으로 들어간다는 건 바보 같은 짓이야."
라고 하면서 흥겨운 소리가 들리는 여관의 문을 밀
고 들어가 술을 취하도록 퍼마시고, 황금새와 고향
은 까맣게 잊어버렸지요.

시간이 흘러갔지만 장남이 여전히 집에 돌아오지
않자, 왕의 둘째 아들이 길을 떠났어요. 장남과 마
찬가지로 가는 도중 여우도 만나고 좋은 충고도 들
었어요. 그러나 두 여관 앞에 오자 즐거운 소리가
들리는 여관의 창문에 형이 서서, 그를 들어오라고
불렀어요. 그는 거절할 수 없었고, 들어가 마음껏
즐겼어요.

시간이 흐르자, 막내 아들도 세상 밖으로 나가고
싶어했어요. 아버지는 그를 사랑했고, 또 불행을
만나 그도 집으로 돌아오지 않을까봐 두려워, 오랫
동안 막내가 떠나는 것을 허락하지 않았어요. 아들
이 계속 조르자, 아버지도 마침내 승낙하고 말았어
요. 그 역시 숲 앞에서 여우를 만났고, 좋은 충고

도 들었지요. 그는 마음이 착했고, 그래서 여우를 살려주었어요. 그러자 여우가 말했어요.

"내 꼬리에 올라타세요. 그러면 빨리 갈 수 있어요."

그가 꼬리 위에 올라타자 여우는 달리기 시작했어요. 막내 아들은 머리카락이 바람에 쌩쌩 날리도록 마구 달려갔어요.

마을에 도착하자 아들은 여우 꼬리에서 내려와, 여우의 충고를 따라 사방을 둘러보지도 않고, 허름한 여관으로 들어가 푹 쉬었어요. 다음날 아침 여우가 또 나타나 말했어요.

"이 길을 계속 걸어가면 성에 닿을 거예요. 성 앞에는 한 연대의 군인들이 지키고 있지만, 그들은 모두 잠이 들어 코를 골 테니 그들을 신경쓰지 말고 성안으로 들어가세요. 그러면 마지막에 어느 방 안으로 들어가게 될 거예요. 그 방안에는 나무로 만든 새장에 황금새가 들어 있고, 그 옆에는 남에게 잘 보이기 위해 화려한 황금 새장이 걸려 있어요. 절대 나쁜 새장에서 새를 꺼내 좋은 새장에 넣지 마세요. 그러면 나쁜 일이 생길 거예요."

말을 마친 후 여우는 다시 꼬리를 내밀었고, 막내 아들은 그 위에 올라타 머리카락이 바람에 날리도록 달려갔어요.

성 앞에는 모든 것이 여우가 말한 그대로였어요. 왕자가 방안으로 들어섰어요. 나무 새장 안에는 황

금새가 앉아 있었고, 그 옆에는 황금 새장이 놓여
있었으며, 세 개의 황금 사과가 방안에 여기저기
놓여 있었어요. 그는 생각했어요.

'이 아름다운 새를 이 보잘것없는 새장 안에 그대
로 둔다는 건 우스운 일이야.'

그는 새장 문을 열고 새를 잡아 황금 새장 안에
집어 넣었어요. 그러자 새는 미친 듯이 퍼덕이며
소리를 질러, 모든 군인들을 깨워 버렸어요. 군인
들은 그를 붙잡아 왕 앞으로 데려갔어요.

다음날 아침 재판이 열렸고, 그는 모든 사실을
고백했어요. 그는 사형 선고를 받았어요. 그러나
왕이 말했어요.

"바람처럼 빨리 달리는 황금말을 내게 가져다 준
다면, 너의 목숨을 살려줄 수 있다. 그러면 목숨에
다 황금새까지 선사하지."

그는 침울하게 길을 걸어가면서 한숨을 쉬었어
요. 그런데 여우가 다시 그의 앞에 나타나 말했어
요.

"봐라! 네가 내 말을 안 들었기 때문에 그렇게
된 거야. 네가 어떻게 황금말을 얻을 수 있는지 다
시 한 번 충고해 줄게. 그러니 이번에는 내 말대로
해야 돼. 이 길을 그대로 따라가면 성에 닿을 거
야. 그 성안에는 마구간이 있는데, 마구간지기는
깊이 잠들어 코를 골고 있을 테니, 쉽게 황금말을
데리고 나올 수 있어. 하지만 말 위에는 반드시 나

178

무와 가죽으로 만든 나쁜 안장을 얹어야 해. 그 옆에 걸려 있는 황금 안장을 얹어서는 안 돼."

그는 여우 꼬리에 올라타고, 여우는 머리카락이 쌩쌩 날리도록 마구 달려갔어요.

모든 것이 여우가 말한 그대로였어요. 마구간지기는 코를 골고 있었고, 손에는 황금 안장을 쥐고 있었어요. 황금말 위에 나쁜 안장을 올려놓으려 했지만, 좀더 생각했어요.

'이 보기 싫은 안장은 말을 추하게 만들어. 말에 어울리는 좋은 안장을 줘야지.'

그가 잠든 마구간지기의 손에서 좋은 안장을 빼내려 하자 마구간지기가 깨어났고, 다른 사람들도 모두 깨어났어요. 그들은 달려와 그를 붙잡아 감옥 안에 집어 넣었어요.

다음날 아침 그는 다시 사형 선고를 받았지만, 그가 아름다운 공주를 데리고 오면, 그의 목숨뿐만 아니라 황금말까지 얻을 수 있다는 것이었어요.

힘없이 그는 길을 떠났어요. 잠시 후 다시 여우가 그의 앞에 서 있었어요.

"왜 너는 내 말을 듣지 않았니. 그랬다면 너는 새와 말까지 가질 수 있었을 텐데. 하지만 나는 다시 한 번 너에게 충고해 줄게. 이 길을 곧장 걸어가면 저녁 무렵 성에 도착할 거야. 밤 12시에 아름다운 공주가 목욕탕에서 목욕할 거야. 들어가서 그녀에게 키스하면, 그녀를 데리고 나올 수 있어. 그

러나 절대 그녀가 부모와 작별 인사를 하게 해서는
안 돼."

여우는 꼬리를 내밀었고, 머리카락이 쌩쌩 소리
나도록 마구 달렸어요.

그가 성에 도착했을 때 모든 것이 여우가 말한
그대로였어요. 밤에 그는 아름다운 처녀에게 키스
했어요. 그녀는 기꺼이 그와 함께 가고 싶지만, 눈
물을 펑펑 흘리면서 가기 전에 아버지에게 작별 인
사를 하도록 허락해 달라고 부탁했어요. 처음에는
거절했지만, 그녀가 계속 울고 그의 발 앞에 엎드
려서 애원하자, 할 수 없이 그녀의 청을 들어주었
어요. 그녀가 아버지에게 가자마자 그와 함께 모든
사람이 깨어나, 젊은이는 다시 잡혀 버렸어요.

왕은 그에게 말했어요.

"내 딸을 얻을 수는 없어. 만약 네가 내 창 앞에
솟아 내 전망을 가로막고 있는 산을 8일 안에 없애
준다면, 달라질 수도 있지."

이 산은 너무나 커서 온 세상의 어느 누구도 그
산을 헐어 없앤다는 것은 불가능하게 보였어요. 7
일 동안이나 쉬지 않고 일을 했지만 겨우 조금, 아
니면 거의 줄어들지 않은 산을 보고, 그는 깊은 근
심에 빠졌어요. 7일째 되던 날 밤 다시 여우가 나
타나 말했어요.

"자리에 누워 잠이나 자라. 내가 너 대신 일을
해줄게."

다음날 아침 눈을 뜨자, 산은 감쪽같이 없어져 버렸어요. 그는 기쁜 마음으로 왕에게 가서, 이제 산이 없어져 버렸으니 딸을 달라고 말했어요. 어쩔 수 없이 왕은 약속을 지켰고, 두 사람은 길을 떠났어요. 그러자 여우가 다가와서 말했어요.

"이제 우리는 처녀, 말과 새를 모두 가져야 돼."

"그래, 내가 할 수만 있다면, 그러나 무척 어려울 거야."
하고 젊은이는 대답했어요.

"네가 내 말만 듣는다면, 그 일은 가능해."
하고 여우는 말했어요.

"아름다운 공주를 요구하는 왕에게 가면, 그에게 여기에 그녀가 있다고 말해. 그러면 그는 소름끼치도록 기뻐할 거야. 곧 그들이 너에게 내주는 말 위에 올라타고, 모든 사람에게 작별 인사로 악수를 해. 그렇지만 그 공주에게는 맨 마지막에 손을 내밀고, 그녀의 손을 잡자마자 그녀를 끌어올려 말 위에 태우고 박차를 가해 도망가."

그가 여우가 말한 그대로 실행하여, 공주를 데리고 오자 여우는 말을 이었어요.

"이제 새가 있는 성 앞에 도착하면 나는 공주와 함께 성문 앞에서 기다리고 있을 테니, 말을 타고 들어가 이것이 올바른 말인지 보십시오 라고 말해. 그러면 그들은 너에게 새를 가져다 줄 거야. 너는 그대로 앉아 있으면서, 그것이 바로 그 새인지 보고 싶다고 말해. 그들이 새를 너에게 건네주면, 그대로 말을 달려."

모든 일이 성공하고 그가 새를 가져오자, 처녀를 다시 말에 앉혀 넓은 숲까지 달려왔어요. 그러자 여우가 나타나 말했어요.

"나를 총으로 쏴서 죽이고, 내 머리와 발을 잘라 내."

그러나 젊은이는 이번에는 여우의 말을 따르려 하지 않았어요. 여우가 말했어요.

"그러면 너에게 마지막으로 좋은 충고를 하고 싶어. 두 조각을 조심하고, 교수형에 처한 시체는 결코 사지 말고, 샘물가에는 앉지 말아."

그는 공주와 함께 여행을 계속했어요. 마침내 형들이 눌러앉았던 그 마을에 도착했어요. 그 때 마침 사람들이 많이 모여 웅성거리고 시끄러웠어요. 무슨 일이 일어났는지 물었어요.

"두 남자가 교수형에 처해진다"는 것이었어요. 그가 가까이 다가가자, 그들이 바로 자신의 형들이라는 것을 알 수 있었어요. 형들은 나쁜 짓이란 짓은 도맡아 하고, 가지고 있던 돈은 모두 탕진해 버렸어요. 그는 말했어요.

"그들이 풀려날 수 있는 길은 전혀 없소?"

"없소. 당신이 저 건달들을 돈을 내고 산다면 혹시 모르지만."

하고 사람들이 대답했어요. 깊이 생각해 보지도 않

고 사람들이 요구하는 대로 돈을 내주었어요. 그러
자 그의 형들은 풀려났고, 그와 함께 여행을 계속
했어요.

여우를 처음 만났던 숲에 이르자, 숲속은 무척
쾌적하고 안락해 보였어요. 두 형들이 말했어요.

"우리 여기 샘 옆에서 쉬었다 가자. 먹고 마시기
도 하고!"

거기에 그도 동의했어요. 형들과 이야기하다가
그만 깜빡 잊고는 샘물가에 앉았어요. 그가 악의를
전혀 눈치채지 못하고 있는 동안, 형들은 그의 등
을 밀어 샘에 빠뜨리고는, 처녀와 말과 새를 가지
고 왕에게 달려가 말했어요.

"우리가 이 모든 것을 얻었습니다. 이것들을 아
버지께 바칩니다."

그들은 모두 기쁨에 겨웠어요. 그러나 말은 먹지
를 않았고, 새는 소리내지 않고, 처녀는 울기만 했
어요.

그들의 막내 동생은 샘의 바닥으로 떨어졌지만,
다행스럽게도 샘은 말라 있었어요. 아무데도 다치
지는 않았지만, 위로 올라갈 수 있는 길을 찾을 수
없었어요. 그 때 다시 늙은 여우가 나타나, 자신의
말을 듣지 않았다고 한참 젊은이를 꾸짖었어요. 그
의 말을 들었다면, 이런 일은 당하지 않았을 거라
고 하였지요.

"하지만, 너를 그대로 내버려둘 수는 없어. 내가

밖으로 나가도록 도와줄게. 내 꼬리를 꼭 붙잡아."

여우는 위로 기어올라, 그를 바깥으로 끌고 나왔어요. 그들이 다시 위로 올라오자, 여우가 말했어요.

"너의 형들은 감시병을 시켜 네가 국경을 넘어오면 죽이도록 일을 꾸몄어."

그래서 그는 가난한 차림으로 변장하여, 몰래 왕의 궁전으로 숨어 들어왔어요. 그가 도착하자마자, 말은 먹이를 먹기 시작했고, 새는 지저귀고, 처녀는 울음을 그쳤어요. 왕은 놀라서 그 이유를 물었어요.

"저는 몰라요, 하지만 이전에는 슬펐는데, 이제는 다시 즐거워졌어요. 마치 제 신랑이 온 것 같아요."

그의 형들이 그녀가 사실대로 얘기하면 그녀를 죽이겠다고 위협했지만, 그녀는 그제서야 모든 것을 왕에게 고해바쳤어요. 왕은 성안에 있는 모든 사람들을 불러모으게 했어요. 그러자 막내 왕자도 왔고, 공주는 그를 곧 알아내고 더러운 옷에도 아랑곳하지 않고 그의 목에 매달렸어요. 형들은 붙잡혀 처형당했어요. 그는 아름다운 처녀를 아내로 얻고, 왕이 죽은 후 그의 왕국도 물려받았어요.

오랜 세월이 흐른 후 그는 다시 숲속에 가게 되었는데, 늙은 여우를 다시 만나게 되었어요. 늙은 여우는 너무나 간절히 자기를 총으로 쏴 죽이고 목

과 발을 잘라내 달라고 애원했어요. 여우의 청을
받아들여 그는 그대로 했어요. 그러자 여우는 사람
으로 변했는데, 그는 바로 왕비의 오빠였어요. 이
제서야 마침내 구원을 받은 거지요.

이 동화는 그림 형제가 수집했다. 이것은 "생명의 물"이라는 동화와 무척 비슷하므로, 여기에서도 "생명의 물"을 찾는 것이 주제라고 가정할 수 있다.

생명의 물—혹은 황금새—을 찾아가는 과정에서 주인공은 점점 더 부자가 되기도 하지만, 다른 한편으로 그는 점점 더 자율적이 된다. 처음에 그의 자율은 여우로부터 일부 빌린 것이지만, 마지막에 가서 그것은 그 스스로 책임질 수 있는 자율성이 된다. 이 동화는 다시 한 번 인물들의 자율, 개체화에 대한 욕구와 이 욕구와 의식된 관점과의 관계 등이 서로 어떤 작용을 하는지 생각할 계기를 만들어 준다.

"황금새"—우리의 동화는 이런 제목을 달고 있다. 황금새가 그 속에서 주요한 역할을 함에 틀림없다. 그러나 우리는 모두 황금새는 존재하지 않는다는 것을 알고 있다. 그것을 상상하기 위해서는 환상을 필요로 한다. 그러나 우리는 아무런 어려움없이 황금새를 눈앞에 그릴 수 있다. 그것은 흠 하나없이 아름답고 그럼에도 불구하고 가볍지만, 얻기에는 무척이나 어려운

귀중한 것이며, 삶에 의미와 내용, 매력을 부여하지만
달성하기 어려운 목표를 상징한다. 새란 근본적으로
공중의 거주자이며, 땅과 하늘을 결합시키고 지구의
중력을 극복하여 초월할 수 있는 존재이다. 우리는 새
와 자유의 경험을 결합시킨다. 새는 우리에게는 민첩
한 운동성을 가지고 있는 것으로 여겨지고, 또한 우리
가 소유할 수 없기 때문이다. 이 모든 면들로 인하여
우리는 그것을 영감, 직관과 환상의 상징으로 파악한
다. 이 모든 것들은 우리로 하여금 현실적 토대를 떠
나 우리 자신과 주어진 것을 넘어서 발전하도록 만드
는 기능을 가지고 있으며, 또한 어떤 의미에서는 이제
까지 형성된 것을 버리고 새로운 영역을 향해 여행을
떠날 수 있는 가능성을 가지고 있다. 이 새는 게다가
금으로 되어 있다.

금의 반짝임은 해, 달과 별들의 반짝임과 일치한다.
그러므로 금 속에는 우주적인 것을 지상의 생활 속으
로, 초월을 일상 속으로 끌어들인다는 의미가 담겨져
있다. 동시에 그것은 금을 지니고 있는 사람을 초월
속에 이끌어 준다는 의미도 표현되어 있다. 금은 파괴
하기 힘든 것이며, 그러한 성질로 인하여 금은 지속과
영원을 상징한다.

물론 황금새가 주의를 끌지만, 그것은 자신의 아름
다움으로 원만하고 행복한 삶의 상징이 되기도 한다.
이 새 속에는 그러한 원만성에 대한 동경과 이 새를
쫓아가고자 하는 유혹, 이 새에게로 인도하여 평범한
삶을 넘어서게 하는 그 길을 걸어가고자 하는 유혹이
묘사되어 있다.

동화는 어느 왕이 황금 사과가 달려 있는 나무 한

그루가 자라고 있는 쾌락의 정원을 가지고 있다는 말
로 시작한다. 그는 쾌락의 정원을 가지고 있긴 하지
만, 여자에 관해서는 아무런 언급이 없다. 이 황금 사
과는 사랑과 풍요로움, 이것을 통한 불멸성을 보장하
는 헤스페르스의 사과를 연상하게 한다. 어쨌든 이 왕
은 쾌락의 정원에서 무언가 보여 줄 것을 가지고 있
다. 그러나 그가 따기도 전에 사과를 도둑맞은 것이다
—쾌락의 정원은 아무런 소용도 없게 되었다. 이것이
놀랍지는 않다. 그는 단지 하나의 쾌락의 정원을 가지
고 있지만, 에로스는 미묘한 방법으로 소유를 벗어나
는 것이기 때문이다. 그러나 이 쾌락의 정원이 진정한
의미에서 쾌락을 주는 정원의 역할을 하였던 시기가
있었음에 틀림없다. 이 동화가—동화 "생명의 물"과
비교해 볼 때—무척 풍요롭다는 사실로 미루어 볼 때
에도 그렇다. 삶은 아직 풍요로운 면을 보여 주고 있
다.

그러나 이제 황금새가 바깥으로부터 날아와 사과를
훔쳐 간다. 그러므로 후림새일 수도 있는 이 황금새를
쫓아 어디로 사과를 가져가는지 알아보는 일은 당연하
다. 이 사과를 손에 넣기 위해서, 그리고 사과와 함께
에로스와 생산성, 그리고 종국에는 초월로 비상할 수
있는 길을 발견하기 위해서는 발전의 과정을 거쳐야만
한다.

죽을 병에 걸린 왕을 구하기 위해 "생명의 물"을 가
져와야만 하는 동화 "생명의 물"과 관련지어 이 동화
를 볼 때, 우리는 빼앗긴 사과들이 전혀 다른 맥락에
서 있다는 사실을 발견할 수 있다. 왕이 단순히 탐욕
스러워서가 아니며, 또 그가 어느것 하나라도 놓치려

하지 않아서가 아니라, 삶의 진행이 진실로 위협받고
있는 것이다. 새가 사과를 훔치는 상징은 이러한 삶의
위협적 상징과 동일한 것이다. 삶의 체계에서 에로스
의 체험이 더 이상 가능하지 않다면, 이 체계는 죽음
의 위협을 받고 있다고 할 수 있다.

소위 마법적 영역으로부터 오는 발전에 대한 자극을
상징하는 이 새가 왜 날아오는지 ─ 우리를 성가시게
하는 모든 것은 발전에 대한 자극이다 ─ 그 까닭은 왕
이 쾌락의 정원을 이제까지 정원사에게 위임하여 그
혼자만이 에로스, 감정 생활과 감정 표현을 장려하고
보호하게 하였다는 사실을 기억한다면 이해가 된다.
왕은 자신이 책임질 일을, 능력은 있다 하더라도 영혼
의 주변부 인물에 불과한 그에게 전가한 것이다. 그는
그렇게 중요하고 가치있는 일에 스스로 주의를 기울이
지 않았다. 감시자들 또한 문제의 중요성을 제대로 인
식하지 못했던 것 같다. 그랬다면 그들이 잠들지는 않
았을 것이다. 그들은 아마 모성 콤플렉스적 쾌적한 분
위기로부터 그리 쉽게 빠져 나오지 못했던 것 같다.

왕의 막내 아들만이 사태의 심각성을 인식하고, 잘
지키고 있다가 황금새의 깃털을 활로 쏴서 떨어뜨린
다. 이제서야 그들 모두 정신이 번쩍 들었다. 깃털 하
나가 전체 왕국보다 더 가치가 있다는 것이다. 그러나
여기에서도 왕이 탐욕에 사로잡혔는지 아니면 모든 물
질적 가치들보다 더욱 소중한 무언가가 자신의 삶에서
이제 나타났다는 것을 정말 인식하였는지 불분명하다.
어쨌든 이제 왕은 그 새를 가져야만 한다는 생각에 사
로잡히며, 전체 사건의 진행에 대한 책임은 덜 전가된
다. 즉 왕의 아들들이 직접 새를 찾아 나선 것이다.

　동화 속에서 무언가를 찾으러 나서는 사람들은 결코 왕들 스스로가 아니다. 그는 대개 무엇이 필요한지, 그에게 무엇이 도움이 되는지 정확하게 알고 있긴 하지만 항상 하나의 발전 과정인 그것을 찾는 길은 아들들이 개척해야만 한다. 왕은 아들들에게 요구하지만, 아들들은 결국 자신들을 위해 길을 나서는 것이다. 그들이 가는 도중 얻는 모든 경험들, 능력의 발전은 그들 자신의 것이다. 이 길에서 반드시 얻어지는 보다 높은 자율성도 그들 자신의 것이다. 우리가 종종 지난 날 "아버지의 욕구"를 위해 혹은 "어머니의 욕구"를 위해 무언가를 했다는 감정을 가질 때, 이 점을 생각해 볼 수 있을 것이다. 즉 이 욕구가 그 길을 시작하도록 하였지만, 그 길에서 얻은 경험은 우리의 몫이다. 처음부터 우리의 근본적 욕구들이 무슨 길을 걸어갈지 제시할 만큼 우리는 그렇게 자율적이지는 않다 ― 많은 동화들은 이런 점을 우리에게 시사해 준다.

　새의 가치가 분명한 지금도 아들들은 새를 찾는다는 일이 얼마나 중요한지 제대로 인식하지 못하고 길을 나선다. 여우의 충고를 거만하게 무시한다. 빨리 즐기고 싶고, 빨리 가지고 싶은 그들의 욕망이 새를 찾는 일보다 더 중요한 것이다. 막내 아들만이 진지하게 그 길을 간다. 그는 아직 지배적인 체계 속에 완전히 흡수되지 못했으며, 그러므로 그곳에서 통용되는 가치로 인해 나쁜 물도 들지 않았던 것이다.

　위의 두 형들이 그들 자신의 합리적 옛 전략을 사용하고 그들에게 익숙한 삶의 양식을 고집한다면 ― 사람들은 여행을 떠나지만 내면적으로는 집에 그대로 머물러 있을 수 있듯이 ―, 막내 아들은 진정으로 새로운

황금새
왕의 요구
경험은
나의 몫

것에 마음을 연다. 위의 두 형들은 쉽게 자신들의 동경으로부터 멀어지고, 분열될 수 있으며, 지붕 위의 비둘기보다는 손 안에 든 참새를 가지고자 한다. 그들이 지금 찾고 있는 것은 황금새인데 어떻게 여우와 황금새가 관계있다는 사실을 알 수 있겠는가? 가는 도중에서 마주치는 것들을 받아들이지 않는 그들의 태도에서 그들이 새로운 것에 마음이 열려 있지 않은 사람들이라는 사실이 분명해진다.

동화 속에서의 이와 같은 전형적인 출발 상황이 우리에게 말해 주는 점은, 올바른 관심과 올바른 인식을 가지고 출발하기까지 대개는 몇 번의 시행착오를 거쳐야만 한다는 것이다. 그렇지 않고서는 항상 어딘가에 뒤처져 있게 된다. 올바른 생각을 찾을 수 있기 위해서는 항상 세 번의 시도가 필요하다는 것을 동화는 보여 주고 있다.

우리가 자율성으로의 발전이라는 관점에서 이 출발을 살펴볼 때, 처음에는 위의 두 형들이 막내보다 더 자율적으로 행동했던 것처럼 여겨진다. 그들은 여우의 말을 듣지 않고, 자만심에 가득 찼으며, 그러나 어쨌든 스스로 결정한다. 하지만 그들이 보여 주는 행동은 강제적 자율로서, 연관성을 고려하는 행동이 아니라 단지 자신의 안위만을 생각하는 행동이다. 또한 그들과 같이 무엇을 찾기 위해 헤매는 상황에서는 그것이 누구의 것이든 도움에 의존하지 않을 수 없다는 사실을 알지 못하는 행동이다.

이 동화는 위의 두 형들의 행동을 날카롭게 비판하면서, 탐색 과정이 이와 같이 자폐증적인 자율의 과시로는 결코 성공될 수 없다는 것을 분명히 보여 준다.

그러나 우리 대부분은 어떠한 내면적 자세가 받아들일 만한 것인지 마치 우리가 잘 알고 있다는 듯이 옛 전략과 자신의 재치만을 믿고 탐색 과정에서 그렇게 사이비 자율적 행동을 하게 되지 않는가? 모든 출발 시도가 실패하고, 출발의 견인차 역할을 했던 동경이 사라져 버린 후 언젠가 우리는 탐색 과정에서 어떠한 태도를 견지해야 하는지 배우게 될 것이다.

그러나 왜 여기에서 여우가 도움을 주는가? 비슷한 동화에서는 현자로 드러나는 노인이나 노파들이 조언을 하는 것으로 알고 있다. 이 동화에서 여우는 남을 돕기 좋아하는 동반자의 역할을 한다. 이 동반자는 사람일 수도 있다("붉은 머리-초록 눈동자"에서와 같이). 이 동화가 주는 교훈은 커다란 사업을 시도할 경우 항상 대결하고 의논을 나눌 수 있는 동반자를 가져야만 한다는 것이다. 이 동반자는 기다리고 있으며, 거의 끈질기게 달라붙는다고도 할 수 있다—그를 구할 필요없이 단지 인지하기만 하면 된다. 동반자 속에는 사람이 자신의 길을 걸어가는 과정에서 필요한 자질, 키워져야만 하는 자질들이 표현되어 있다. 여기에서 동반자는 여우이다. 즉 왕자는 여행중에 여우적 본성에 따라 행동하며, 그 자신도 여우적인 자질을 계발해야만 하는 것이다.

여우는 재치있는 동물일 뿐 아니라, 간계를 부리고, 기만하는 능력을 가진 동물로 우리에게 알려져 있다. 재치는 여기 이 동화에서도 중요한 역할을 한다. 손에 잡기 힘든 그의 존재는 무엇보다도 그의 작은 체구와 민첩성, 그리고 그의 조심스러움 때문이다. 털의 붉은 빛은 그를 악마와도 연관시켜, 여우가 악마적인 것을 지니고 있다는 것을 보여 준다. 물론 이러한 해석은 통상적 가치 평가의 영향으로 정열과 흥분의 색인 빨강과 여우적인 성격 그 자체를 사악한 것으로 몰아붙이려는 우리의 경향과 연관있는지도 모른다.

여우는 항상 궁지에서 살아날 길을 알고 있는 생존의 대가로 여겨진다. 켈트 족의 전통에서 여우는 영혼의 안내자이며, 그리스 신 헤르메스의 자질을 가지고 있다. 헤르메스는 대문과 방문을 지키고 열어 주는 신이며, 출발과 통과의 신으로서 여행자와 월경자들의 수호자이며, 밤길의 안내자이고 영혼을 지옥에까지 동반할 수 있다. 그는 그런 의미에서 항상 경계를 넘어서고 새로이 시작해야 하는 내면의 여행, 자율성을 찾아가는 길의 동반자도 될 수 있다. 그러나 헤르메스는 우리에게 소도둑으로, 꾀많은 인물로, 타고난 지혜로 가득 찬 장난꾸러기로도 알려져 있다. 그는 교활하지만, 형이상학적으로 결코 사악하지는 않으며, 전체적으로 그의 본질은 변화를 가져다 주는 신, 우아한 방법으로 노동하고 멋있게 수확하는 전문가의 신이다. 이러한 능력과 행동 방법은 물론 인간이 여우같이 될 때 나타나는 인간의 행동 양식이지만, 항상 여우의 것으로 돌려진다.

여우는 이 동화에서 재빠르고 노련하며 교활한 모습으로 나타나며, 통용되는 도덕의 가장자리에서 아슬아슬하게 행동하지만, 변함없이 도움을 준다. 왕자는 정말 여우를 신뢰할 수 있는 것이다.

막내 아들이 여우와 함께 행동하고 그의 충고를 받아들이며 그의 꼬리에 올라타기까지 한다는 것은 그가 자신의 내면에서 — 강력한 왕들과 대결하도록 도와주는—강제적 직관으로 경험하게 되는 자신의 여우적 측면에 모든 것을 맡기기로 결심하였다는 의미를 내포하고 있다. 그가 순종적이었다면, 새는 가져올 수 있었겠지만 그외의 다른 발전은 할 수 없었을 것이다. 그러나 새는 "달아나기" 쉬우므로, 그가 새를 놓치지 않고 붙잡고 있을 수 있었을지, 혹은 이것이 그의 생애를 채워 줄 수 있었을지 확실하지 않다. 자율성을 향한 발전 과정에서 나타나는 근본적 갈등은 강제적 직관—분명한 확신이나 아주 선명하게 기억되는 꿈속에서 표현되기도 하는 우리 영혼에서 울리는 강요의 음성—과 다른 한편 여기 동화의 주인공의 불복종에서 표현되듯이 이러한 내면적 충동에 대한 의식의 저항적 태도 사이의 대립 속에 들어 있다. 왕자는 "네, 하지만"이라고 말하면서 내면에서 지시하는 힘의 방향과 주제에 순종하지만, 그러면서도 항상 자신의 자아-소망, 자신의 확신도 함께 고려한다.

동화는 이와 관련하여 우리의 개체화 과정에서 역동적 힘과 해당 주제를 묘사하고 있는 것으로서, 이와 같이 길을 지시하는 내면적 형상들이 운동하는 방향을 따르는 것이 우리에게 유리하며, 우리가 그들에게 자율성을 요구할 수 있는 권리를 가지고 있다고 하더라도 항상 그들과 접촉을 유지해야만 한다고 가르친다. 여기에서 바로 이러한 자율성을 인지하는 것 자체가 발전 과정을 한 걸음 앞당긴다. 그로써 동화의 주인공들은 이러한 무의식의 선도적 형상들에 대해 자신의 자율성을 추구하지만, 그렇다고 그 형상들이 그들의 의식된 삶에 가져다 주는 것을 소홀히 하지는 않는다. 그 결과로 융이 종종 말하던 의식과 무의식의 대결이 일어나게 되며, 이 대결이 바로 개체화 과정의 토대를 이루고 실제로 그것을 성립시킨다. 이 대결 과정이 바로 형성된 삶이다. 꿈이나 직관이 말하는 그대로 실행한다는 것은 스스로 자율적이라고, 혹은 자유롭다고 자처한다 하더라도 실제로는 맹목적 복종이고 엄청난 종속이다.

왕차의 불복종은 어디에서 나타나는가? 여우는 그에게 길을 알려 주고, 감시자들이 언제 잠드는지 알고 있으며 혹은 계략을 써서 그들을 필요한 순간에 잠들게 한다. 새에 접근하는 것은 간단한 일이지만, 이 새를 여우가 말한 대로 황금 새장에 집어 넣는 일은 어려운 일인 것 같다. 그 아름다운 새를 더러운 새장 속에 넣는다는 일이 왕자에게는 어리석게 여겨진다. 그는 새에 합당하게 보이는 새장을 선택하고, 그 순간 모든 감시자들이 깨어나 그는 곧 잡히고 만다. 황금 새장 속에 새를 넣어 가지고 갈 수는 없는 것이다. 여우가 왕자에게 황금새를 나무 새장에 넣어 가지고 오라고 말하면서 그는 무엇을 노렸을까?

나무는 금과 비교해서 쉽게 변하고 낡거나 썩을 수 있는 물질이다. 황금새로 표현되는 충만한 삶에 대한 환상, 파괴될 수 없고 영원하며 항상 일상을 넘어설 수 있는 초월에 대한 환상은 항상 우리 자신의 소멸성을 염두에 두고 추구되어야만 하며, 그것은 동시에 일상 생활을 토대로 유지된다는 것을 왕자는 배웠어야 했을까? 또한 그는 아름다운 것과 미운 것이 함께 삶의 전체 모습을 형성한다는 것도 배웠어야만 했을까?

그는 자신의 동경을 상대화하고 싶지 않았다. 그러나 세상은 그토록 화려한 광채를 허용하지 않는다. 즉 그는 감시병들에게 사로잡힌다. 왕은 그에게 더 많은 것을 요구한다 — 그렇게 하지 않으면 죽이겠다고 위협한다. 전부냐 아니면 죽음이냐가 문제이다. 수많은 금에 눈이 부셔서 우리는 왕자가 일종의 황금 도취에 빠져 있다는 인상을 받는다. 그러나 한 번 들어선 길을 그는 계속 걸어가야만 한다. 그것을 거부하는 것은 그에게 곧 죽음을 의미하기 때문이다.

동화의 초반부에서와 마찬가지로 우리는 무언가 특별한 것을 소유하고 그것을 보여 주고자 하는 욕망이 — 물질적 의미에서, 그리고 상징적인 의미에서 영원한 가치를 추구하는 욕망 — 그를 계속 몰아대고 있다는 인상을 지울 수 없다.

혹시 그의 불복종은 여우가 미리 정한 것은 아닐까? 그가 순종했다면 그는 자신이 동경하는 바를 측량할 수도, 그중에서 실현 가능한 것을 실현할 수도 없었을 것이며, 그는 너무 일찍 만족하고 안주해 버렸을 것이 아닌가.

어쨌든, 왕은 그를 죽이겠다고 위협한다. 이러한 왕의 무조건성 뒤에는 아버지가 감추어져 있다. 자신의 요구로 아들을 극단까지 몰고 가며, 다른 한편 그가 실패할 경우 살 권리가 없다는 감정을 가지게 하는 아버지가 숨겨져 있다. 그는 계속 찾아야만 하며, 그에게는 달리 선택할 여지가 주어져 있지 않다. 그렇게 그는 자신의 조그만 자율로 인해 스스로를 엄청난 부자유 속으로, 총체적 성공 아니면 총체적 실패라는 대립의 갈등 속으로 몰고 간 것이다. 그 때 동화에서 정의하는 성공과 실패는 왕자가 생각하는 것과는 다르다.

황금말
=
태양말
=
바람말
=
육체성 속에서
초월을 경험할 수 있는
가능성 시사

황금말

황금 안장

이제 그는 바람처럼 빨리 달리는 황금말을 찾아야만
한다. 이제 그는 황금새뿐만 아니라, 즉 그로 하여금
이미 있는 것들을 넘어서게 하는 초월에 대한 예감뿐
만 아니라, 황금으로 된 바람같이 빨리 달리는 신기한
말을 필요로 한다.

말은 인간의 동력, 그의 본능, 에너지에 대한 상징
이며, 종종 우리의 육체성, 우리의 육체적 힘을 상징
한다. 그것은 우리를 받치고 있는 힘이며, 우리의 의
식된 의도와 상호 작용 속에 있는 힘이다.

바람같이 빠른 황금말을 얻으려고 한다면, 그는 자
신의 육체성을, 자신의 본능을 발견해야만 한다. 여기
에서 황금말로 상징되고 있는 본능적인 면은 커다란
의미를 부여받고 평가절상될 뿐 아니라, 무엇보다도
커다란 에너지의 측면에서 부각된다. 왜냐하면 이 황
금말은 바람처럼 빠르기 때문이다. 물론 황금과 "바람
과 같이 빠른 존재"는 본능적 영역이 정신적인 면, 영
원한 면과 관련있다는 사실을 암시한다. 이 말은 태양
말이고 바람말이며, 육체성 속에서 초월을 경험할 수
있다는 가능성을 시사하기 때문이다. 그는 말하자면
자신의 육체와 본능 세계를 존중할 줄 알아야 하며,
또한 육체성 속에서도 정신적인 것과의 결합이 경험될
수 있다는 사실을 인식해야 한다.

다시 여우는 나무와 가죽으로 된 조악한 안장을 사
용하라고 권한다. 그리고 왕자는 이번에도 좋은 안장
을 말 위에 얹고, 그리고 당연히 다시 체포된다. 그는
또다시 고집을 부려 그에게 타당하게 여겨지는 해결
책, 완벽한 해결책을 택한 것이다. 그러나 그 해결책
은 인간이 앉는 안장은 영원한 것이 아니라, 우리가

그 위에 앉아 있는 동안만 영원성의 경험을 할 수 있
다는 내용을 담고 있지는 않다. 시간성과 영원성은 그
러나 동전의 서로 다른 양면이다(zusammengehören).

이제 그는 더 멀리 가야 하며, 게다가 아름다운 공
주를 데리고 와야만 한다 — 그렇게 하지 않으면 죽어
야만 한다. 여우가 얼마나 마음에서 우러나 기꺼이 도
와주며, 몇 마디의 교육적인 경고 외에는 그의 불복종
에 대해 아무런 질책의 말도 하지 않는 것을 볼 때,
우리는 불복종 역시 예정된 것이 아닌가 하는 의구심
을 가지게 된다.

왕자가 자신의 육체성을 인정하고, 내면에서 방출되
어 우리로 하여금 현재를 초월하게 하는 자신의 본능
적 면을 볼 수 있게 되면, 그는 이제서야 비로소 한
여자와 관계를 맺을 수 있을 것이다. 그리고 그에게
적합한 여자는 아름다운 공주여야 한다. 어쨌든 여기
에서 짚고 넘어가야 되는 문제는 왜 그가 새와 말에다
아름다운 공주까지 훔쳐야만 하는가이다. 새, 말과 공
주는 항상 왕에게 속하며, 왕은 이것을 자발적으로 내
주려고 하지 않는다. 그는 이러한 경험들을 아버지의
영역으로부터 훔쳐내야만 자기 자신의 경험으로 만들
수 있는 것이다. 즉 사랑의 환상이나 성적 경험들은
처음에는 아버지-왕의 영토인 것이다. 그러나 그의 절
도 행위를 달리 해석할 수도 있다. 모든 시기는 에로
스, 성, 육체성과 각각 특수한 관계를 맺고 있으며,
모든 사람은 그때그때 그것들에 대한 적합한 관계를
쟁취해야만 한다. 늙은 왕들은 당연히 새로운 경험을
허용하려 하지 않는다. 여기에서 우리는 다시 낯익은
문제와 직면하게 된다. 구체제를 대표하는 사람들은

200

우리의 자율성의 진보를 불복종으로 간주할 뿐 아니라, 심지어 절도라고 규정한다. 이제 자율적이 된 젊은이들은 "늙은 왕들"이 이룩해 놓은 것들을 나중에 스스로 발전시켜 나가며 계승하기 때문이다. 절도라는 표현은 삶의 모든 경험과 살아온 삶이 어느 특정한 기관의 소유물로 평가되는 체제 안에서 우리가 움직일 경우에만 타당하다.

우리는 이 공주를 그가 이제 관계를 맺을 수 있는 실제의 여자로 생각할 수 있다. 그러나 그녀는 한 여자와의 관계 속에서 사랑과 성을 함께 살게 할 수 있는 감정을 그의 마음에 불러일으키는, 즉 그를 매혹시키는 여자는 아니다. 그러나 그녀를 사랑의 관계 속에서 비로소 드러나는 모든 측면들을 그의 마음속에 우선 펼쳐 놓을 수 있는 동경으로 이해할 수는 있다. 그가 공주를 환상 속에서만 품고 있다고 할지라도, 이것은 실제의 생생한 관계를 위한 전제 조건이 될 수 있다. 일상 생활에서도 우리는 이것을 종종 경험한다. 실제로 확고한 관계를 쌓아 올리기 전에 우리는 가능한 상대 남자, 혹은 상대 여자를 환상 속에서 그려 볼 수 있는 것이다.

여우는 재치있을 뿐 아니라, 그가 구현하고 있듯이 생존 본능의 상징이다. 그러므로 이 상황에서도 주인공이 죽는다는 생각은 들지 않는다. 우리가 더 쉽게 공감할 수 있는 것은 젊은 주인공의 "전부 아니면 무" 심리학이다. 여우는 항상 해결에 대한 희망이 있다고 부채질하며 왕자에게 계속 가도록 힘을 북돋운다. 그래서 여우는 그를 자신의 꼬리에 싣고 바람처럼 빨리 달리는 것이다.

공주는 목욕탕에서 12시에 목욕을 한다. 그는 모성적 영역으로부터 그녀를 데리고 나온다. 그는 그녀에게 키스할 수 있고 그녀를 데리고 갈 수 있지만, 부모와 작별 인사를 하게 해서는 안 된다. 밤 12시는 새날이 밝아 오면서 상징적으로 새로운 단계가 시작되는 시간이다. 목욕 역시 새로운 일의 발생을 상징한다. 세례에 대한 상상이 여기 결합되어 있다. 공주도 마찬가지로 그녀의 인생의 새로운 단계에 들어설 준비가 되어 있다. 즉 왕자는 그녀를 단순히 훔치는 것이 아니라, 그녀에게 키스해야만 한다.

그가 공주에게 허용하는 작별, 그러나 인간적으로는 충분히 이해가 가는 작별로 인하여 그는 다시 어려운 상황에 빠지게 된다. 그러나 여기에서는 우리가 이제껏 보아 왔던 것과는 전혀 다른 행동이 가시화된다. 우리가 동화를 대상의 객관적 측면에 치중하여 관찰할 때, 우선 공주도 똑같이 책임이 있는 것이다. 헤어지고자 한 것은 바로 그녀이다. 그는 감정적으로 행동한다. 그는 그녀를 이해하고, 동정한다. 이제 서술되고 있는 전체 상황과 분위기에서 보면 전혀 다른 심리적 특성들이 체험될 수 있다는 점이 나타난다. 이제는 감정들이 표현될 수 있으며, 감정에 대응할 수 있다. 물론 왕자는 공주를 그렇게 간단히 가질 수는 없다. 왕자는 그러려면 무엇인가를 해야만 한다. 그는 산을 헐어 버려야 하는 것이다. 딸을 쉽게 내주지 않으려고 아버지는 불가능한 과제를 제시한다. 아버지는 딸을 여전히 곁에 두고 싶은 것이다. 아버지의 산은 — 이러한 표현을 통해 아버지는 산과 같다고 생각하는 것이다 — 너무 커서, 사람들은 산을 넘어 볼 수조차 없는

것이다. 이 아버지가 세상에 세워 놓은 장애물은 대단
히 크다. 그렇지만 왕자는 전망없는 일을 할 준비가
되어 있다. 자유로운 시민이 자신이 원하는 부인을 얻
기 위해서는 일종의 과제를 실행해야 한다는 것은 흔
히 있는 일이다. 여기서 중요한 것은 그가 아버지를
벗어날 정도로 성장하였다는 사실을 보여 주는 것이
다.

　왕자는 어쨌든 풀 수 없는 과제에 착수한다. 이 점
에서도 우리는 그가 말과 접촉하고 난 이후로 그에게
일련의 변신이 이루어졌다는 사실을 인식할 수 있다.
그는 적극적이 된 것이다. 그는 더 이상 모든 일을 여
우로 하여금 처리하도록 하지 않는다. 자율은 이제 불
복종 이상의 것에 근거하고 있는 것이다. 그러나 그가
비록 가지고 있는 모든 것을 주기는 하지만, 요청되고
있는 과제를 혼자서는 충족시킬 수 없으며 다른 사람
의 도움에 의존하고 있다는 사실을 배워야 한다. 그는
이러한 과정에서 슬픔을 느끼고 있다고 동화는 기술하
고 있다. 우리는 이러한 감정을 충분히 재현할 수 있
다. 그는 무엇을 원하는지 알고 있으며, 성공이 불투
명함에도 불구하고 그는 작업을 한다. 그는 무리한 요
구를 받은 것이다. 왕은 과도하게 요구하는 사람으로
증명된다. 물론 과도한 요구는 단지 왕에게서만 오는
것은 아니다. 이 주제는 동화의 전체를 관통하고 있
다.

　특정한 과제는 단순히 자신의 의지로만 해결될 수
없으며, 종종 모든 노력이 허사이기는 하지만 그래도
문제는 해결될 수 있다는 점을 그는 여기서 알아야 한
다.

여기서 여우에 대한 신뢰는 매우 중요하다. 자율의 주제에서 보면 그것은 다음을 의미한다. 너무 지나친 자율의 요청은 어떤 사람에게는 과도한 요구일 수 있다. 세상에는 사람이 자신의 의지로 관철할 수 없으며, 또 모든 노력이 아무런 소용이 없는 일들이 존재한다. 그럼에도 불구하고 내게는 불가능한 것을 시도하는 이 노력은 다른 사람의 편에서 도움이 나타날 수 있는 전제 조건인 것처럼 보인다. 자율을 추구하는 자신의 노력과 많은 도움을 주는 우연들이 — 유능한 사람의 행운과 같이 — 서로 협동적으로 작용하고 있다는 점이 이 대목에서 분명하게 서술되고 있다. 그리고 궁극적으로 자율에로의 모든 발전이 우리가 아주 제한적으로만 통제할 수 있는 무의식으로부터의 형성적 힘을 필요로 한다는 점이 잘 서술되고 있다.

스스로 하고자 하는 의지에 있어서 중요한 것은 어디에 자신의 힘의 한계가 있는가를 인식하고, 또 이 한계를 수용하는 일이다. 그리고 사람이 자신의 힘 안에 있는 일을 행하면, 받을 가치가 없음에도 불구하고 어떤 것들을 얻게 된다는 사실이 중요하다.

여우는 이제 왕자가 결국 모든 것, 즉 공주와 말과 새를 얻을 수 있는 계략을 제시한다. 왕자는 이 생각에 동의하지만, 여우도 그것을 쉽게 성취할 수는 없다고 분명히 말한다. 그는 자신의 힘을 평가하는 데 있어 더 이상 순진하지 않은 것이다. 그가 자신의 말을 듣는다면 그것도 가능하다고 여우는 도덕적인 투로 말한다.

실제로 왕자는 그의 말을 따르고 이제 더 이상, 적어도 여우에 대해서는 자신의 자율을 과시하지 않는다.

그는 물론 왕들을 계략을 써서 이길 수 있다. 여기에서 계략이 자율성의 발전에 있어서 어떠한 역할을 하는가의 문제가 제기된다. 일반적으로 우리는 우리의 상대가 더 강할 경우 계략을 쓰게 된다. 우리는 그의 내면으로 감정 이입을 하여, 그가 이러한 상황에서는 어떻게 행동할 것인지 생각한 다음 그의 행동보다 앞서갈 수 있다. 우리가 자율의 발전을 커다란 대결에 맡기지 않으려고 한다면, 그렇지만 우리가 그런 대결을 할 정도로 성장하지 못하였으며, 또 경우에 따라서는 우리의 자율 진보와 자율 의도를 다시 잃어버리게 될지도 모른다는 점을 보여 주고자 한다면, 우리는 이 동화에서처럼 계략적으로 처신해야 한다. 즉 상대방으로 하여금 그가 원하는 모든 것을 우리가 행한다고 믿게 하고는 실제로 달리 행위하는 것이다. 그러나 그렇게 함으로써 우리는 관계의 계속을 불가능하게 만든다. 더욱 결정적으로 자율의 길로 들어서면, 후퇴의 길은 폐쇄된다.

우리는 이 동화에서 분명히 강렬한 아버지 애착을 가지고 있는 청년을 마주하고 있다. 이 청년은 강압적이고 지나치게 요구하며 현실에서 조금은 벗어난 아버지를 가지고 있다. 그는 집으로 돌아오는 길에, 왕들이 가지고 있는 모든 힘들을 계략을 써서 이겨낸다. 우리가 그들을 실제의 아버지들로 파악하건 아니면 단지 심리적 대리인들로—물론 이들은 내면화된 도덕적 명령들이라 할 수 있다—이해하건간에 관계없이 그는 이 아버지의 대리인들에 대해 자율을 행사하는 것이다.

이 과정에서 여우는 꾀가 많은 인물임이 증명된다. 여우는 신의 사자 헤르메스의 명예에 걸맞는 일을 한다. 여우에 의존한다는 것은 전적으로 계략적인 분위기에서 산다는 것을 의미한다. 물론 그것은 그 일을 어떻게 해서든 해낼 수 있다는 오만함과 또 이 왕들이 더 이상 같이 결정하게 하지 않겠다는 오만한 감정과 결합되어 있다. 그러나 이 상황에서 그는 그 어느 때보다 더 여우에 의존되어 있다. 그는 여우에 대해서는 자신의 자율의 놀이를 포기할 정도이다.

그가 여우에 대해 자율을 주장하였던 동안에는 그는 왕의 손아귀에 있었다. 그러나 그것은 총체적 요청과 결합되어 있는 까닭에 그의 발전 과정을 더욱 촉진시켰다. 그가 여우를 믿을 수 있다는 것을 알았기 때문에, 그리고 그가 새, 말, 공주를 얻었기 때문에 그는 이제 왕들과 지배적인 집단적 의식 규범들에 대해 자신의 자율을 주장한다. 그 대신 그는 여우에 의존하고 있는 것이다.

그것이 법칙성이 아닌가 하는 물음이 여기서 제기된다. 우리의 내면 깊은 곳에서 분출하는 발전의 충동에 의해 규정되면, 우리는 외면적 규범을 별로 개의치 않게 되며, 더욱 쉽게 자율을 발전시킬 수 있다는 것이다.

그런데 동화는 내면에 대한 이 의존은 다시 희생되어야만 한다는 것을 보여 준다. 즉 여우는 살해되어야 하는 것이다. 내면적으로 자신을 규정하는 인물에 대한 종속 관계는 특정한 단계에서만 도움이 되고, 또 새로운 삶의 단계로 이행해 가는 것을 용이하게 만든다.

206

그렇기 때문에 여우는 그에게 죽여 달라고, 머리와 발을 떼어 버리라고 부탁한다. 그가 그렇게 꼭 필요하였던 여우를 죽여야만 하고, 또 그것을 분해해야만 한다. 상징적으로 이해하면, 그것은 이 여우가 이제는 다른 형식으로 같이 살고 싶어한다는 것을 의미한다. 여우가 항상 인간의 언어를 할 줄 알았기 때문에 우리는 그가 이제 인간의 모습을 가지고 싶어한다고 가정할 수 있다. 그것은 또한 다른 사람에게서 악을 예견할 수 있는 여우 같은 성질, 계략적인 성질이 의식적인 태도로 통합될 수 있다는 것을 의미하기도 한다. 사람은 이 태도와 항상 관계를 맺을 수 있으며, 자리바꿈을 할 수 있다. 따라서 중요한 것은 이 직관적으로 도움을 주는 측면에 대한 일말의 자유이며, 상응하는 책임을 받아들이는 것이다.

우리는 자신을 그토록 도와주었던 여우를 죽이고 싶어하지 않는 왕자의 마음을 공감할 수 있다. 처음에는 엉뚱한 말처럼 들리지만, 여우가 무엇인가를 말하면 그것은 항상 본질적이라는 것을 우리가 — 왕자와 마찬가지로 — 미처 깨닫지 못했을지도 모른다.

우리가 이 상황을 상호 심리적으로 이해해도, 우리는 왕자의 감정을 같이 느낄 수 있다. 왜 우리가 그렇게 많은 부를 가져다 준 태도를 희생시킬 필요가 있겠는가? 왜 우리는 이 상황에서 자신이 가지고 있는 여우와 같은 성격을 분명히 인지하고, 그것을 분석하고, 여우와 같은 성격이 별로 좋지 않다는 것을 확인해야 하는가?

그것은 자율로 향하는 새롭고 힘든 발걸음일지도 모른다. 왕자가 여전히 얼마나 순진한가는, 그가 여우의

쏘아 주세요 그리고…

충고를 호의적으로 받아들이지만, 그 모든 일이 누워서 떡먹기라고 가볍게 생각하는 데서 잘 드러난다. 많은 것을 성공하면 사람이 거만해지듯이, 그는 거만해진 것이다. 탐색의 길에서 그가 획득한 모든 것과 그가 이제 소유하고 있는 모든 삶의 특성들로 인해 그는 아마 헤아릴 수 없을 정도로 자신이 풍족해졌다고 생각했음에 틀림없다. 따라서 많은 성공을 이룩한 사람에게는, 삶에는 성공과 실패가 있고 아름다운 면만을 가지고 있는 것은 아무것도 없으며, 오히려 선과 악은 서로 결합되어 있다는 사실을 그에게 인식시킬 수 없다는 점은 그리 놀라운 일이 아니다. 이러한 상황들은 위험하다. 사람들은 자신을 쉽게 과대 평가하며, 어디에 한계가 있는지를 알지 못한다.

그는 아직 가능한 악에 관해 어떤 상상력도 발전시키지 못하였다. 그러기 위해서 그는 여우가 자신이 가지고 있는 성격의 일면이라고 생각했어야만 했다. 그런데 이제 그에게는 이 여우 같은 성격이 다시 사라져 버렸다. 우리의 내면에 있는 여우 같은 성격을 볼 때에야 비로소 우리는 다른 사람을 신뢰한다.

그는 사려없이 그저 순진하게 형제들에게 물건들을 내놓는다. 여기서 그의 불복종은 예전과 비교할 때 진성한 의미에서의 불복종이라 할 수 없을 것 같다. 따라서 그의 행위는 결코 자율적 행위가 아니라고 여겨진다. 오히려 그는 여우가 그에게 말한 것을 잊어버린 것처럼 보인다. 어쨌든 "즐겁고 쾌적해 보이는" 숲에서 쉬고 먹고 마시던 꾀많은 형들은 그가 가지고 온 모든 것을 빼앗아 간다. 그리고 그를 샘에 빠뜨린다.

숲이 재미있고 즐거운 것으로 서술되고 있다는 사실

과 먹고 마시는 것에 대한 언급은 그도 역시 형들의 즐거운 기분에 빠졌다는 점을 암시한다. 형들은 오로지 순간에만 묶여 있으며, 순간의 쾌락을 즐긴다. 자신의 생활관과 대립하는 생활관을 대변하고 있음에 틀림없는 형들과 어떤 대결도 이루어지지 않는다. 그는 단순히 형들 곁에 있다는 사실이 즐거운 것이다.

이 형들은 허풍과 순간적 향락만을 추구하는 피상적 친구들이고, 그들이 궁정의 시대 정신의 관습에 일치한다면, 익숙한 삶의 틀에 가까워지면 질수록 그 역시 이런 태도에 다시 빠진다. 사람이 집에서 멀리 떠나 얻은 새로운 경험들을 정말 이제까지 익숙하였던 환경 속으로 들여오는 것은 어려운 일이다. 그러나 그것은 새로운 경험들이 정말 우리를 변화시켰는가 아니면 우리는 그것을 "보여 주기" 위해 집으로 가져온 것인가 하는 물음에 대한 시금석이다.

탐색의 길을 떠나, 자신에게 본질적이고 자신의 삶에 의미를 부여하는 것을 실제로 발견하기 위하여 생명을 무릅쓰고 모험하였던 사람이 우물에 빠뜨려진다. 우물은 이편과 저편이 서로 결합되어 있는 장소이다. 우물과 샘은 항상 탄생의 장면과 연관지워진다. 이 우물에서 그는 처음으로 휴식하게 된다. 우물에서의 체류는 포란기적 상황에 대한 상징일 수 있는데, 이 상황에서 그는 자신에게 되던져져 다시 도움을 받을 때까지 기다려야만 한다. 우물에서 다시 나오는 것은 그렇다면 삶으로의 재생일 수도 있다. 이제 자율에 관해서는 전혀 말이 없다. 모든 공격성은 형들에 의해 대변된다.

집으로 돌아와 얼마나 많은 재화를 가지고 왔는가를

보여 주는—이는 출발 상황과 비교될 수 있다—형들
을 그 자신의 성격의 일면으로 파악하면, 그는 외면적
으로는 정말 자신의 행복을 발견한 사람처럼 보일 수
있다. 말이 먹지 않고, 새가 지저귀지 않으며, 공주가
운다는 것은 무언인가 잘못되었다는 점을 상징한다.
동화는 비록 "그것은 기쁨이었어요"하고 이야기하고
있지만, 즐거운 분위기에 관해서는 거의 느낄 수 없
다. 삶을 풍요롭게 해야 할 획득물이 모두 슬픔의 징
후를 지니고 있기 때문에 기쁨은 계속되지 않는다.
　외형상 모든 것은 최선의 상태인 것 같다. 단지 그
렇게 보일 뿐이다. 사람들이 자신의 중요한 꿈과 자신
의 내면적 체험을 다른 사람들에게 보여 주기도 하고,
또 성취한 것에 대해 자랑스러워하는 삶의 상황과 이
동화의 상황은 유사하다. 사람들은 이러한 체험을 떠
벌리면서 잘난 체하기도 한다. 그렇지만 새로운 것을
정말 집으로 가져올 수 없으며, 평범한 삶 속으로 통
합시킬 수 없다. 실제로는 자신이 제약을 받고 감금되
어 있다고 느끼며, 우물 속에 빠져서 나올 수 없는 막
내 왕자와 마찬가지로 탈출구를 기다린다.
　여우가 다시 와서 의례적인 꾸짖음을 하고 난 다음
에 그를 구해 준다. 오랜 여행을 했고, 그 여행에서
삶의 원천과 같은 것을 발견한 사람이라면 거만한 형
들에게—이 형들은 물론 자신이 가지고 있는 거만한
성격이기도 하다—그리 오래 기만당하고 있지는 않을
것이다.
　형들이 그를 죽이기 위해 경비병을 세웠다는 말을
여우가 하자, 그는 경비병이 그를 알아보지 못하도록
스스로 헌 옷을 걸쳐입는다. 여기서 우리는 그가 황금

새에게 나무 새장을 주기를 거부하고, 또 황금말에게 나쁜 안장을 주기를 거부하였다는 사실을 기억할 필요가 있다. 이제 그는 자신을 나쁜 옷으로 위장한다. 형들의 경비병이 자신을 잡지 못하고, 그가 다시 형들의 손아귀에 들지 않도록, 그는 자신의 가치를 감추고 겸손한 체한다. 그것은 그가 이제 삶이 양극성으로 구성되어 있다는 점을 파악하고 있음을 표현한다. 새로운 것과 낡은 것, 덧없는 것과 영원한 것, 추한 것과 아름다운 것, 선과 악은 서로 결합되어 있는 것이다.

그를 알아보는 사람은 의외로 그의 형들이 아니고 그의 신부이다. 형들은 결국 처형된다. 왕자는 자신을 부패시킬 수 있는 이 성격의 측면을 희생시켜야만 하는 것이다. 이제서야 비로소 그는—아주 오랜 시간이 지난 후에—늙은 여우를 죽일 자세가 되어 있다. 물론 여우가 간절히 자기를 죽여 달라고 간청하고 난 다음에 그렇게 한다. 그는 이 권위주의적인 여우 같은 본능으로부터 해방되어야 한다. 특히 그는 머리와 발을 떼어 버려야 하는데, 그것은 숙고와 활동성에 대한 상징이다. 그는 이제 무의식적인 여우 성격을 포기해야 한다. 그에게 다가와 그를 거의 강요하지만, 궁극적으로는 그가 책임질 수 없는 여우 성격을 버려야 한다. 그는 이제 스스로 현명해지고, 영리해지고, 교활해져야 한다. 스스로 영리해지겠다는 결정은 이 여우를 죽이겠다는 결단을 의미하며, 그것은 공격적이고 자율적인 행위이다.

여우가 변하여 부인의 형제가 된다. 그는 이제 인간적 차원으로 통합될 수 있는 것이다.

이제 왕이 될 이 왕자는 이렇게 생명수를 찾는 과정

에서 자신의 욕망(여성적 측면)을 발견하였을 뿐만 아니라 자신의 영혼(남성적 측면)도 찾았다.[30] 그는 (공주를 통해) 에로스와 사랑을 발견하였으며, 자신의 신체를 알게 되었다. 그러나 그는 여우를 통해 자신이 가지고 있는 공격적 영리함을 발견하였으며, 변화를 주도하는 공격성을 발견하였다. 이 공격성은 진정 자율에 있어서 본질적인 측면이다. 그는 동시에 아버지로부터도 벗어났다.

그가 이 자율의 형식을 획득할 때까지, 항상 자율을 찾는 도정에 있었다. 그리고 그의 조그만 저항과 감히 감행하였던 자율적 불복종이 전체의 과정을 진전시켰다.

항상 개체화의 충동으로도 이해될 수 있는 자율에의 충동은 한면으로 지나치게 기울어져 새로운 발전의 도전을 유발하는 삶의 상황과 연관이 있다는 점이 이 동화를 통해 특히 분명해진다. 자율에의 충동은 여기서 내면적 강박 관념으로 표현되는데, 주인공의 자아는 단지 조금만 자율적이고 싶다는 희망으로 이 압박감을 피하고자 한다. 바로 이 대결의 과정이 발전을 촉진시키며, 필연적인 분리 과정과 새로운 구속을 야기한다.

결국 이 동화에서 중요한 것은 주인공이 자신의 행위들에 대해 정말 스스로 책임을 진다는 것이다.

맺음말

동화들은 우리에게 여러 주인공들이 자율을 찾아가는 길을 보여 주고 있다. 이와 같은 자율의 추구는 결국 주인공들이 방황의 과정을 마칠 때에는 처음보다 "더 풍부해진다"는 사실에서 표현된다. 그것은 물질적으로 이해될 수 있기보다는, 오히려 그들이 새로운 관계를 맺고, 옛 관계로부터 해방되었다는 것을 의미한다.

모든 동화는 나름대로 자율과 의존이 서로 상호적으로 작용하고 있다는 점을 보여 주고 있으며, 또 자율의 발걸음을 내디딜 때마다 다시 새로운 의존 관계를 맺어야 한다는 사실을 보여 준다. 그러나 이 의존 관계들은 주인공들이 발전을 통해 벗어났던 처음의 의존 관계와는 달리 그들을 덜 구속한다.

동화가 우리에게 분명하게 보여 주는 것은 자율에의 추구가 우리가 흔히 생각하듯이 의지의 문제만은 아니라는 점이다. 자율에의 길은 오히려 소위 말하는 자율적 콤플렉스에 의해 시작된다. 이 콤플렉스들은 우리에게 무의식적이며, 우리의 삶에 대한 감정적 경험들을 반영한다. 따라서 그것들은 물론 감정적 경험들의 편향성을 반영할 뿐만 아니라 자기 조정적 체계의 의미에서의 평형에 대한 욕구를 반영한다. 이 "자율적" 콤플렉스로부터 발전의 자극이 나오는데, 그것들 안에는 또한 자율의 주제가 포함되어 있다. 이러한 점은 모든 동화에서 분명하다. 특히 "털북숭이 소녀"의 동화에서 가장 분명하게 드러난다. 이렇게 어떤 사람의 약점은 궁극적으로 강점이 된다.

마찬가지로 분명한 점은 이러한 충동들을 창조적으로 삶에 끌어들여 철저하게 살아야 한다는 것이다. 자율적 콤플렉스에 대해 어느 정도 거리를 둘 수 있고, 자율적 콤플렉스에 대해서도 자율을 행사하고자 노력하는 사람은 그렇게 해야 한다.

어떤 사람의 성격을 각인하는 주콤플렉스가 자율 발전의 주제를 규정하고, 그가 걸어가는 자율에의 길의 지배적 분위기를 결정한다는 점이 모든 동화에서 드러난다. 사람이 발전하여 벗어나야 하는 원천적 체계에서 배제되었던 것이 바로 발전의 성장을 가져온다.

처음에는 폐쇄되어 있던 것이 자율 발전의 과정을 통해 "열려진다". 권력의 구조는 관계의 구조로 변화된다. 잘 이루어진 자율의 발전은 결코 고립을 가져오지 않는다. 방금 언급한 것을 증명하고 있는 자율의 고전적 주제들은 "행운의 꽃"과 "쇠난로"의 동화에서 서술되고 있다.

우리의 자율 추구와 자율적 콤플렉스가 결합되어 있다는 것으로 인해 아마 우리가 자율을 그렇게 모순적으로 체험하는지도 모른다. 자율에의 충동은 거의 불가항적일 수 있다. 그렇지만 우리는 자신의 자율 욕구를 다른 사람의 자율 욕구보다 항상 더 긍정적인 것으로 평가한다는 사실은 여전히 생각해 볼 문제이다. 자율의 행보는 관계를 변화시킨다. 만약 이러한 변화가 허용되지 않는다면, 자율 욕구도 역시 매도된다.

"털북숭이 소녀"의 동화에서는 게다가 건설적 공격성이 자율에의 길에서 얼마나 중요한가 하는 점이 분명해졌다. 특히 파괴적 충동을 공격적으로 다루는 것이 매우 중요하다. 바로 공격욕이 우리를 자율로 이끄는 것이다.

자율에의 발전은 또한 우리가 수많은 분리의 과정을 겪어야 한다는 것을 의미한다. 자율의 발걸음은 그것이 관계로의 행보인 것과 마찬가지로 이별의 행보이기도 하다. 분리의 문제점은 특히 "쇠난로"와 "하얀 고양이"에서 주제화되고 있다. 우리가 필연적인 이별의 행보를 취하지 못하면, 또 우리가 자율적이 되라는 내면적 요청에 저항하면 어떤 일이 일어나는지 이 동화들에서 서술되고 있다. 동화는 우리로 하여금 자연스럽게 우울의 상태를 거부된 자율의 발전과 연관짓도록 만든다.

"황금새"의 동화에서는 자율에의 발전이 주인공을 내면 세계의 요청과 외면적 현실 사이의 긴장 관계에 세워 놓고 있다는 점을 분명하게 서술한다. 대결을 함에 있어서 다시 한 번 공격성의 역할이—물론 여기서는 교활함으로 서술되고 있지만—두드러진다. 더 자율적일 수 있기 위해서는 우리 자신과 세계에 대해 우리는 간계를 필요로 한다. 그것은 우리가 자율에 이르는 길에서 항상 위협을 받고 있다는 사실을 의미한다. 우리가 이 길을 갈 수 있다면, 풍부한 경험들과 새로운 관계의 능력, 자유의 감정이—우리가 동화를 신뢰하고자 한다면—우리에게 손짓을 한다.

자율은 유토피아이다. 궁극적으로 우리가 동화로부터 배울 수 있는 것은, 아버지와 어머니보다는 자신의 길을 가라는 소명적 부름에 복종한다면 우리는 자율에 이르는 도정에 있다는 사실이다.

참고문헌

1) 동화 해석에 대한 방법론적 언급에 관해서는 Jacoby, M., Kast, V., Riedel, I., Das Böse im Märchen (Stuttgart, 1983), 46면 이하를 볼 것. Kast, V., Wege aus Angst und Symbiose - Märchen psychologisch gedeutet (Olten, 1984). Kast, V., Mann und Frau im Märchen (Olten, 1984). Kast, V., Familienkonflikte im Märchen (Olten, 1984). 융 학파의 표본적 동화 해석에 관 해 서 는 M.-L. von Franz, Das Weibliche im Mär-chen (Stuttgart, 1977)를 참조할 것.

2) 이 동화는 노르웨이의 전래 동화이다. "Zottel-haube", in : Norwegische Volksmärchen, hrsg.v. übers. v. Klara Stroebe und Reidar Th. Christiansen (Köln, 1967).

3) Kast, V., Paare. Beziehungsphantasien oder Wie Götter sich in Menschen spiegeln (Stuttgart, 1984).

4) 이에 관해서는 Riedel, I., Hans mein Igel. Wie ein abgelehntes Kind sein Glück findet (Stuttgart, 1984)를 참조할 것.

5) 이에 관 해 서 는 Kast, v,. "Der Kalberkönig", Familienkonflikte im Märchen (Olten, 1984)를 참조할

것.

6) 이에 관해서는 Ninck, M., Wodan und germanis-cher Schicksalsglaube (Darmstadt, 1964), 311면과 312면을 참조할 것.

7) Herder Lexikon : Germanische und keltische Mythologie.

8) 이에 관해서는 Kast, V., Das Assoziationsexperiment in der therapeutischen Praxis (Fellbach, 1980), 15면 이하를 참조할 것.

9) "Die Blume des Glücks", Zigeunermärchen, hrsg. v. Walther Aichele und Martin Block (Köln, 1972).

10) Mahler, M., Symbiose und Individuation (Stuttgart, 1972).

11) 이에 관해서는 Kast, V., Wege aus Angst und Symbiose (Olten, 1984)를 참조할 것.

12) Kast, V., Paare, 앞의 책.

13) Der Trommler, Br der Grimm, Kinder-und Hausmärchen (KHM), 193.

14) Der Eisen-Ofen, Br der Grimm, KHM 41.

15) 이에 관해서는 Bolte, J., Polivka, G., Anmerkungen zu den Kinder-und Hausmärchen der Brüder Grimm, Bd. III (Hildesheim, 1963)를 참조할 것.

16) Kast, V., Mann und Frau im Märchen (Olten, 1984).

17) Der Froschkönig, Grimm, KHM.

18) 이에 관해서는 Riedel, I., Farben (Stuttgart, 1983)를 참조할 것.

19) Von Franz, M.-L., Interpretation of Fairtales (N.

Y., 1970).

20) Scherf, W., Lexikon der Zaubermärchen (Stuttgart, 1982).

21) Die wei en Kazerl, Deutsche Märchen aus dem Donauland, hrsg.v. Paul Zaunert (Köln, 1958).

22) Kast, V., Trauern. Phasen und Chancen des psychischen Prozesses (Stuttgart, 1984).

23) Jacoby, M., Kast, V., Riedel, I., Das Böse im Märchen (Stuttgart, 1983).

24) Von Beit H., Gegensatz und Erneuerung im Märchen (Bern/München, 1972), 19면.

25) Drewermann, E., Neuhaus, I., Der goldenen Vogel. Grimms Märchen tiefenpsychologisch gedeutet (Olten, 1984).

26) "Vom goldenen Vogel", Grimms Kinder-und Hausmärchen, hrsg.v. Hein Rölleke (Köln, 1982).

27) Das Wasser des Lebens, Grimms Kinder-und Hausmärchen (Köln, 1982).

28) Riedel, I., Farben (Stuttgart, 1983).

29) Kast, V., Wege aus Angst und Symbiose (Olten, 1984).

30) Kast, V., Paare (Stuttgart, 1984).

어른이 되는 이야기

지은이

베레나 카스트(Verena Kast)는 1943년생으로 심리학, 철학, 문학을 공부하고, 융 심리학으로 박사학위를 취득하였다. 처음에는 교사로 활동하다가 현재는 상 갈렌에서 정신분석가로 활동하고 있다. 스위스 분석심리학회 회장을 역임하였으며, 현재 취리히 대학과 취리히 융 연구소에서 심리학을 가르치고 있다. 지은 책으로는 『불안과 공생으로부터의 탈출』(1982), 『동화 속의 남자와 여자』(1983), 『동화 속의 가족 갈등』(1984) 등이 있다.

옮긴이

이진우는 연세대학교 독문과를 졸업하고, 독일 Augsburg 대학에서 철학, 사회학, 정치학, 독문학을 수학하고 동대학에서 철학 석사, 박사 학위를 취득하였으며 현재는 계명대학교 철학과 교수로 재직중이다. 지은 책으로는 『탈이데올로기 시대의 정치철학』(1993), 『탈현대의 사회철학』(1993)이 있고, 엮은 책으로는 『포스트모더니즘의 철학적 이해』(1993), 옮긴 책으로는 『정치철학』(A. 바루치), 『누가 잠자는 숲속의 공주를 깨웠는가』(이링 페처)가 있다.

박미애는 연세대학교 독문과를 졸업하고, 독일 Augsburg 대학에서 사회학, 교육학, 심리학, 독문학을 수학하고 석사학위를 취득하였다. 옮긴 책으로는 『꿈의 노벨레』(슈니츨러)가 있다.

어른이 되는 이야기

1994년 4월 25일 1판 1쇄 인쇄
1994년 4월 30일 1판 1쇄 발행

지은이 베레나 카스트
옮긴이 이진우·박미애
발행인 전 춘 호
발행처 철학과 현실사
       서울 서초구 양재동 338-10
       ① 579-5908, 5909
등 록 1987. 12. 15 제 1-583호

값 4,500원
ISBN 89-7775-109-8 03800